MES DÉMÊLÉS

AVEC LE JOURNAL *LE PAYS*

ET

MES RELATIONS

AVEC LE COMITÉ DE COMPTABILITÉ

SIMPLE MÉMOIRE

DÉDIÉ

A Son Altesse Monseigneur le Prince Impérial,

A MM. Raoul Duval, Comte d'Aulan
& Paul de Cassagnac, députés,

A MM. les Sénateurs et Députés du groupe
de l'Appel au peuple.

Par A. PONET

EX-DIRECTEUR DE LA *Comédie politique* ET DE *Lyon-Journal*

MES DÉMÊLÉS
AVEC LE JOURNAL *LE PAYS*

ET

MES RELATIONS
AVEC LE COMITÉ DE COMPTABILITÉ

MES DÉMÊLÉS

AVEC LE JOURNAL *LE PAYS*

ET

MES RELATIONS

AVEC LE COMITÉ DE COMPTABILITÉ

SIMPLE MÉMOIRE

DÉDIÉ

A Son Altesse Monseigneur le Prince Impérial,

A MM. Raoul Duval, Comte d'Aulan
& Paul de Cassagnac, députés,

A MM. les Sénateurs et Députés du groupe
de l'Appel au peuple.

Par A. PONET

EX-DIRECTEUR DE LA *Comédie politique* ET DE *Lyon-Journal.*

A Son Altesse
Monseigneur le Prince Impérial.

MONSEIGNEUR,

Pendant quinze ans j'ai combattu, de la plume et de l'épée, les ennemis de la dynastie impériale.

Je croyais ma fidélité et mon dévouement à l'abri de toute contestation possible.

Je me trompais, Monseigneur.

Depuis bientôt quatre années, pour une misérable question d'intérêt qu'on a trouvé commode d'éluder ainsi, j'ai été mis à l'index, excommunié en quelque sorte du parti bonapartiste, et depuis cette époque, par le fait d'un mot d'ordre parti sans doute de haut lieu, je me vois traité comme un renégat, je dirais presque comme un pestiféré.

S'il ne s'agissait que de mes intérêts, quoique je sois sorti de la lutte plus pauvre que je n'y étais entré, je pourrais continuer à dévorer en silence, comme je le fais depuis 1873, les injustices et les déloyautés de ceux dont j'avais le droit d'attendre d'autres procédés.

Mais il s'agit de mon honneur et de celui de ma famille. Sur ce point je suis plus susceptible.

Et, puisque depuis quatre ans mes réclamations et mes protestations n'ont obtenu pour toute réponse qu'un dédaigneux silence, j'ose, Monseigneur, en appeler à votre justice.

Dans cet opuscule je vais consigner quelques-uns des nombreux témoignages qui ont été donnés à mon zèle et à mes services et le récit, appuyé sur pièces justificatives, de mes relations avec quelques-uns des hommes qui ont en France mission de représenter Votre Altesse.

Je vous dédie ce Mémoire, Monseigneur.

Votre Atesse daignera le lire, et, quand Elle l'aura lu, je n'hésite pas à croire qu'Elle fera rendre justice à celui qui, pour ne mentionner qu'un des griefs dont il a à se plaindre, a été si indignement calomnié.

Veuillez agréer, Monseigneur, l'assurance d'un dévouement et d'une fidélité que rien n'a pu altérer et que rien n'altèrera jamais.

Celui qui espère pouvoir bientôt se dire ouvertement et publiquement votre dévoué et fidèle sujet,

ADOLPHE PONET,

ex-rédacteur du *Courrier de Lyon*, ex-directeur et propriétaire de la *Comédie politique* et de *Lyon-Journal*.

A Messieurs Raoul Duval et comte d'Aulan, députés.

MESSIEURS,

Vous avez bien voulu, l'an dernier, accepter d'être arbitres entre M. Paul de Cassagnac, votre collègue à la Chambre, et moi.

Je n'ai pas cru pouvoir restreindre ma défense à de simples explications sur un article de quelques lignes qui avait paru dans le journal le *Pays*. Il m'a semblé que, cet article n'étant que la conséquence et, pour ainsi dire, la sanction des procédés d'autres personnes à mon égard, je devais faire passer sous vos yeux toutes les pièces du procès.

C'est le parti auquel je me suis arrêté. Et, pour vous rendre plus facile l'examen desdites pièces, je les ai fait imprimer et je les ai accompagnées de commentaires qui les relient entre elles et qui comblent ainsi les lacunes que laisse toujours nécessairement subsister la simple lecture des diverses pièces d'une correspondance.

Il est bien entendu, d'ailleurs, que je tiens les originaux à votre entière disposition.

Je vous prie de dérober une heure ou deux aux préoccupations de votre mandat de député et de lire ce Mémoire d'un bout à l'autre.

Persuadé que cette lecture, vous la ferez tout entière, quelque fastidieuse qu'elle puisse être, je remets entre vos mains le soin de mon honneur et je compte sur vos bons offices et votre bienveillance pour obtenir de la loyauté de M. de Cassagnac, sans l'intervention des tribunaux, par conséquent sans scandale, une réparation complète à laquelle je crois avoir droit.

Veuillez agréer, Messieurs, avec mes remerciements bien sincères, mes respectueuses salutations.

A. Ponet,

ex-directeur de la *Comédie politique*
et de *Lyon-Journal*.

AVERTISSEMENT A LA PRESSE

Ceci n'est ni un livre, ni une brochure.

C'est un Mémoire.

Mémoire destiné seulement à quelques notabilités bonapartistes.

Mémoire qui ne sera tiré qu'à un très-petit nombre d'exemplaires, car, j'en ai le ferme espoir, on ne m'obligera pas à prendre l'opinion publique pour juge en dernier ressort des procédés et des calomnies dont j'ai été l'objet et dont je suis la victime.

Mémoire absolument privé et confidentiel, par conséquent.

Je prie donc ceux de mes confrères de la presse entre les mains desquels une indiscrétion ou un acte de déloyauté ferait, par hasard, parvenir un exemplaire de cet opuscule de s'abstenir, quant à présent, de toute reproduction, soit partielle, soit totale, de s'abstenir même de toute analyse dudit opuscule.

Les prévenant, du reste, que, dans le cas où ils croiraient devoir passer outre à la prière que je leur adresse, ils m'imposeraient la pénible nécessité d'user contre eux des moyens de réparation que la loi a prévus pour les cas d'allusions à la vie privée et de publicité donnée à des lettres confidentielles.

A. P.

AVANT-PROPOS

En mars 1873, je me rendis à Chislehurst.

Le but principal de mon voyage était de faire mon pèlerinage au tombeau de l'Empereur, aux funérailles duquel je n'avais pu assister, retenu que j'étais à ce moment par les quatre murs de la prison Saint-Paul.

Accessoirement, je me proposais, comme on le verra plus loin, de soumettre à Sa Majesté l'Impératrice le jugement en dernier ressort de démêlés que j'avais avec deux ou trois membres du Comité bonapartiste de Paris.

L'Impératrice daigna m'accorder une audience et me faire l'honneur de causer une heure avec moi.

De retour à Paris sans avoir obtenu justice, le désespoir et le dépit dans le cœur, j'écrivis, à Lyon, à mon secrétaire, le sieur Louis Laffargue. Cet individu, que j'avais comblé de bienfaits et auquel je servais un appointement bien supérieur à la valeur des services qu'il me rendait, cet individu m'inspirait toute confiance. J'en avais fait mon confident et mon ami, beaucoup plus que mon secrétaire. Aussi les lettres que je lui écrivais étaient-elles toujours le produit d'un premier jet de plume, que je ne relisais ni ne corrigeais, qui reflétaient l'humeur du moment souvent plus que la véritable pensée intime, improvisations informes que je confiais à la poste avec toute tranquillité d'esprit, parce que je ne pouvais les croire destinées à la publicité.

Malheureusement pour moi, l'individu que j'avais pris pour confident et pour ami ne méritait ni la confiance ni l'amitié d'un honnête homme.

Un jour ledit secrétaire vendit, pour le prix de 600 fr., au sieur Ballay, propriétaire du journal républicain le *Petit Lyonnais*, les lettres confidentielles que je lui avais écrites, puis ce dernier fit publier dans le *Siècle* un passage de chacune de ces lettres, entre autres celui où, dans mon dépit de voir mes services et mon dévouement méconnus par ceux qui, en définitive, en avaient profité, j'exprimais un peu trop irrespectueusement sur une auguste personnalité une opinion qui, je le reconnais aujourd'hui que le calme est revenu, n'était juste en aucun point.

C'était le moment du grand rapport Savary, c'est-à-dire le moment de la chasse farouche aux bonapartistes. Il y avait dans ces fragments de lettres, habilement découpés et isolés de ce qui eût pu leur servir de correctif, d'atténuation ou d'explication, il y avait, dis-je, des arguments contre le parti impérialiste : la presse républicaine, légitimiste et orléaniste s'empara des extraits perfides publiés dans le *Siècle* et les exploita pendant huit jours.

Je fus obligé de répondre et je dus, pour défendre mon honneur, qui était en jeu, fournir quelques explications désagréables pour le Comité de Paris.

En même temps je soumis aux tribunaux les agissements du sieur Laffargue, le vendeur de mes lettres, et du sieur Ballay, directeur du *Petit Lyonnais*, l'acheteur desdites lettres. Le Tribunal civil de Lyon condamna les deux complices et flétrit leurs actes de la qualification « d'*ignoble trafic*. » Mais je ne veux m'arrêter sur ce procès que pour signaler un incident des débats :

Je soutenais moi-même ma demande devant la première Chambre.

Quant à la défense du sieur Ballay, c'était Me Andrieux,

aujourd'hui député, qui la présentait. Il y mettait, naturellement, un fort beau zèle, car chacun sait ici que l'avocat Andrieux et moi nous professons l'un pour l'autre fort peu de sympathie.

— Voyez, s'écria tout à coup, en se tournant vers moi, cet avocat, alors radical, aujourd'hui opportuniste, voyez ce que l'on pense de vous, même dans ce parti bonapartiste auquel vous prétendez appartenir !

Et Mᵉ Andrieux, tirant de son dossier un exemplaire du journal le *Pays* (numéro du 30 juin 1874), lut dans ce journal l'article suivant :

Le *Siècle* publie avec un grand fracas les lettres d'un journaliste dont nous pourrions dire le nom et qui a quelque temps défendu notre cause avec une véhémence beaucoup trop exagérée pour être sincère. Que résulte-t-il de ces lettres ?

Que le sieur X... est un de ces écrivains faméliques sans conviction, dont la plume est à vendre ;

Que cet individu insulte les chefs du parti qu'il a dû renoncer à exploiter.

Et puis après ? Qu'est-ce que ces révélations, écrasantes pour le sieur X..., peuvent faire à notre cause ? Qu'est-ce que la gredinerie du sieur X... prouve au point de vue de la valeur de notre doctrine sur l'appel au peuple ?

Le *Siècle* sera bien avancé quand il aura démontré qu'un individu — sorti, nous le gagerions, du parti républicain — a essayé d'escroquer le parti bonapartiste ?

A. R.

En entendant lire dans un journal que j'avais tout lieu, ainsi qu'on le verra plus loin, de considérer comme un journal ami, cette série d'injures et de calomnies odieuses, je bondis d'indignation, et mon premier mouvement fut d'en demander réparation dans le plus bref délai par la voie des tribunaux.

Les formalités de la procédure me laissèrent, heureusement, le temps de la réflexion.

Quand le calme des idées fut revenu et que je pus considérer la situation un peu plus froidement, je me fis ce raisonnement :

Devant les tribunaux, je me trouverai dans la nécessité de combattre les attaques du *Pays* non-seulement comme diffamations, mais surtout comme calomnies, c'est-à-dire que je devrai établir qu'il y a eu calomnies.

Pour cela, l'article du *Pays* ayant été une réponse officieuse, inspirée peut-être par les principaux intéressés, à mes justes réclamations vis-à-vis du Comité bonapartiste, je devrai établir *pièces en mains* que j'étais parfaitement dans mon droit lorsque j'adressais audit Comité ces réclamations.

Ce sera un scandale.

Scandale dont se réjouiront d'autant plus les républicains, nos adversaires, qu'on est à la veille des élections générales et qu'ils trouveront dans ce procès scandaleux de quoi les aider à combattre les candidatures impérialistes.

Voilà le raisonnement que je me tins, et ma résolution fut aussitôt prise d'ajourner après les élections toute espèce de réclamation relative à l'article du *Pays.*

Les élections passées, j'adressai une longue lettre à M. Paul de Cassagnac.

Après avoir exposé à l'honorable directeur du *Pays* les circonstances, mentionnées plus haut, dans lesquelles l'article de ce journal était arrivé à ma connaissance, je concluais ainsi qu'il suit :

Je ne suis, Monsieur, ni un *gredin* ni un *escroc.* Je n'ai réclamé au Comité bonapartiste que ce qu'il me doit, chose qu'il me serait facile d'établir par les lettres que j'ai entre les mains. Et, en formulant cette réclamation, je n'ai fait, en définitive, qu'imiter l'honorable M. Granier de Cassagnac père lorsque, sous l'Empire, il réclamait à M. Conti les divers termes de 16,000 francs de la subvention qui lui avait été allouée par l'Empereur pour le journal le *Pays.*

. . . .

Comment le journal que vous dirigez et où j'avais de bonnes relations a-t-il pu, Monsieur, me traiter ainsi? — Je l'ignore absolument. Mais, je crois devoir vous le déclarer, il m'est impossible de rester sous le coup des accusations, des calomnies et des injures qu'il a publiées à mon adresse, car l'article dont il s'agit m'a déjà causé un préjudice considérable.

. . . .

Je viens, Monsieur, faire appel à votre loyauté et demander à cette loyauté une réparation publique, catégorique, dans les colonnes du *Pays*, d'un article qui a porté la plus grave atteinte à mon honneur et à ma situation.

Au reste, je ne veux rien vous imposer qui ne soit parfaitement juste et équitable ou qui puisse blesser votre susceptibilité, et je vous propose le moyen suivant de vider notre différend :

Désignons, chacun de notre côté, deux membres d'un jury d'honneur qui sera chargé d'étudier la question et de rédiger les termes de la réparation qui m'est due.

Mes moyens ne me permettant guère d'aller à Paris, je désirerais que ce jury d'honneur siégeât à Lyon, et, en ce cas, je déclare choisir, pour défendre mes intérêts, M. Genton, avocat, et M. le comte de Jonage, deux bonapartistes. Avantageusement connu comme vous l'êtes, Monsieur, il vous sera facile de trouver à Lyon deux personnes qui seront trop honorées de vous représenter dans ce jury.

Au cas où vous aimeriez mieux que ce jury fût choisi à Paris, je ne serais nullement en peine d'y trouver quelqu'un pour me représenter, et j'ai la conviction que M. Raoul Duval et M. le comte d'Aulan, tous les deux bonapartistes, qui me connaissent bien, accepteraient volontiers cette tâche. Mais, je vous le répète, cela me mettrait dans l'obligation de faire un voyage que, financièrement, je ne suis guère en état d'accomplir, car le manque de parole du Comité bonapartiste et l'article du *Pays* m'ont mis, moi et ma famille, dans une situation des plus gênées.

Cependant, Monsieur, je vous laisse le choix absolu du lieu où devra se débattre la question qui m'intéresse et que je viens de vous exposer succinctement dans cette lettre, pourtant bien longue.

J'ose compter, Monsieur, que je n'aurai pas fait appel inutilement à votre loyauté et que vous voudrez bien accepter le moyen de réparation que je vous propose.

Si, d'ailleurs, contre toute attente, vous croyiez devoir repousser ma demande, je me verrais dans l'obligation d'engager un procès à bref délai contre vous et le gérant du journal le *Pays*.

Ce procès ne serait pour moi ni un moyen de vengeance ni un moyen d'obtenir une réparation pécuniaire : ce serait seulement le moyen d'obtenir un jugement qui me laverait solennellement des calomnies et des attaques injustes dont j'ai été l'objet dans votre journal.

J'ai l'honneur, Monsieur, de solliciter de vous une réponse dans le plus bref délai possible, car il y a urgence pour moi à obtenir une réparation éclatante et solennelle.

Veuillez agréer, etc.

A. PONET.

Deux ou trois jours après, je reçus la réponse que voici :

Monsieur,

M. Paul de Cassagnac a reçu la lettre que vous lui avez écrite; il me charge de vous répondre qu'avant de lui donner la suite qu'elle peut comporter il a fait rechercher, à la date indiquée, l'article que vous lui signalez, mais il n'a pu le retrouver ; on a fait d'autres recherches, elles ont été également infructueuses.

M. Paul de Cassagnac vous serait donc obligé de lui faire savoir à quelle date se trouve l'article dont vous parlez : il lui est impossible de prendre un parti auparavant.

Veuillez, etc.

DESTRELLE.

Vous dites, dans votre lettre, que l'article a paru *le 30 juin 1874.*

13 mars 1876.

Je répondis le même jour à M. Paul de Cassagnac :

Monsieur,

Je n'ai pas là le numéro du *Pays* qui contient l'article dont je me plains. Il est entre les mains de mon avocat, absent pour quelques jours, et il m'est, par suite, impossible de vous l'envoyer textuellement.

Mais, dans ma dernière lettre, je vous l'ai traduit en partie assez fidèlement, et je puis, de plus, à peu près affirmer de souvenir qu'il a paru *le 30 juin 1874.*

Comme complément d'indication, je dois vous dire qu'il n'est pas signé *Paul de Cassagnac*, mais, si mes souvenirs sont exacts, *Destrelle.*

Je n'y suis pas nommé en toutes lettres. J'y suis simplement désigné par ces mots : « le sieur X..., *l'auteur des lettres;* » mais ces désignations sont aussi explicites que si mon nom et mes qualités avaient été imprimés *in extenso*, car à ce moment les lettres auxquelles l'article faisait allusion couraient la presse de Paris et de province, et mon nom était dans les commentaires qui les accompagnaient. Personne, d'ailleurs, parmi mes connaissances ne s'y est trompé : il n'y a donc pas de confusion possible.

Veuillez faire rechercher dans la collection du *Pays*, à la date du *30 juin 1874 :* j'ai la conviction que vous y trouverez l'article dont il s'agit.

Quand vous l'aurez trouvé, je me plais à espérer que vous voudrez bien m'indiquer le parti auquel vous jugez à propos de vous arrêter.

Agréez, etc.

A. PONET.

La vérité était que je n'avais pas à ce moment le numéro du *Pays* contenant l'article que j'ai reproduit page 15. Cette vérité perçait dans les lettres que j'avais écrites à M. Paul de Cassagnac, car dans chacune de ces lettres j'avais analysé cet article assez inexactement, Les employés ou collaborateurs que M. de Cassagnac avait chargés de faire des recherches avaient pu deviner cela à la lecture de mes lettres, et, s'ils ne trouvaient pas l'article en question, c'est qu'ils y mettaient vraiment un peu de négligence (Je tiens à rester poli).

Le 24 mars 1876, n'ayant pas reçu de réponse à ma deuxième lettre, je m'adressai de nouveau à M. de Cassagnac.

Voici le passage principal de ma lettre de ce jour-là :

J'ignore absolument, Monsieur, ce que vous êtes dans l'intention de faire.

Vous comprendrez que je ne puis pas rester plus longtemps dans la situation où m'a placé le journal le *Pays* par des calomnies et des injures qui ont été peut-être publiées sans votre aveu, mais qui n'en existent pas moins.

Je viens donc insister auprès de vous, Monsieur, pour avoir une réponse immédiate.

Si d'ici mercredi je n'ai pas, sur ce point, une réponse catégorique, je me verrai, bien à regret et contre mon gré, croyez-le, obligé de vous intenter une action correctionnelle, ainsi qu'au gérant du *Pays*, et de donner à la première lettre que j'ai eu l'honneur de vous adresser la publicité de la presse.

Veuillez, etc...

A. PONET.

Le 31 mars, je reçus de M. Paul de Cassagnac la lettre suivante :

CHAMBRE
DES DÉPUTÉS

Versailles, le 187

MONSIEUR,

Je n'ai pas pu mettre encore la main sur l'article dont vous vous plaignez et dont j'ignore absolument les termes.

Néanmoins, je tiens à vous informer que j'accepte parfaitement le jury d'honneur que vous me proposez. Les noms de MM. Raoul Duval et d'Aulan, que vous indiquez vous-même, m'offrent toute espèce de sécurité sur des questions d'honneur.

Veuillez agréer, Monsieur, l'*expression de mes sentiments*,

PAUL DE CASSAGNAC.

Ainsi les collaborateurs ou secrétaires que M. Paul de Cassagnac avait chargés de rechercher dans la collection du *Pays* l'article où j'étais injurié et calomnié, ces collaborateurs ou secrétaires n'avaient pas, en un mois de recherches et d'investigations, pu mettre la main sur l'article dont je me plaignais.

Il était donc bien difficile à trouver cet article ? — Je voulus en faire l'expérience.

J'écrivis à un de mes amis, rédacteur dans un autre journal de Paris, et je le priai de m'envoyer la copie de cet article, dont je lui transmettais l'analyse et la date dans des termes absolument identiques à ceux de mes lettres à M. Paul de Cassagnac. Le surlendemain, je recevais de mon ami la lettre suivante :

Mon cher confrère,

Ci-jointe la copie textuelle de l'article que vous m'avez signalé.

Pour éviter d'aller à la Bibliothèque, où les recherches ne sont pas toujours faciles, je me suis rendu dans les bureaux du journal le *Pays*, et j'ai consulté la collection de ce journal.

C'est donc dans cette collection que j'ai copié l'article dont il s'agit.

Comme vous le voyez, il a bien paru dans le numéro du 30 juin 1874.

Il est signé : A. R.

A. R., c'est-à-dire ALBERT ROGAT.

Agréez, etc...

J. de G.

Ce n'était donc pas plus difficile que cela.

La négligence des secrétaires ou collaborateurs de M. de Cassagnac m'apparut, ce jour-là, avec netteté.

Il me sembla évident qu'on ne mettait pas dans l'affaire la même franchise que j'y avais apportée. J'allai jusqu'à me dire : « On est convaincu, avec raison, du reste, que je n'ai pas le numéro du *Pays* du 30 juin 1874, et l'on profite de la situation pour jouer un peu sur les mots et sur les dates. » — Jugement téméraire, peut-être, qui, en tous cas, n'atteignait nullement M. Paul de Cassagnac lui-même, de la loyauté et de la franchise duquel je n'ai jamais douté un instant.

Quoi qu'il en soit, à partir de ce jour, je ne pus m'empêcher de mal augurer de l'efficacité du moyen que j'avais choisi pour vider le différend.

Je n'en persistai pas moins à le suivre : j'écrivis le jour même à M. le comte d'Aulan et à M. Raoul Duval pour les prier d'accepter les fonctions d'arbitres dans la question.

Voici la réponse qui me fut faite par M. le comte d'Aulan :

5 avril 1876.

Monsieur,

J'ai beaucoup apprécié les preuves de dévouement que vous avez données à la cause impériale en la défendant dans des moments difficiles. Je m'empresse donc de me mettre à votre disposition en cette circonstance.

M. de Cassagnac m'a fait l'honneur de me dire qu'il s'en rapportait à M. Raoul Duval et à moi et qu'il jugerait inutile de faire intervenir deux autres personnes dans cette affaire....

. . . .

Veuillez agréer, Monsieur, l'expression de mes sentiments très-distingués.

Comte d'AULAN.

Quant à la réponse de M. Raoul Duval, elle se terminait ainsi :

Veuillez nous faire parvenir le numéro du *Pays* dont vous vous plaignez. Nous provoquerons les explications de M. de Cassagnac, et nous aurons, avant de prendre une décision, l'honneur de vous les communiquer, pour vous permettre celles que vous croiriez avoir à nous soumettre.

Agréez, Monsieur, l'expression de mes sentiments distingués.

E. Raoul Duval.

Telle était donc la situation qui m'était faite par suite de la négligence ou de la mauvaise volonté des secrétaires ou collaborateurs de M. Paul de Cassagnac.

M. Raoul Duval se trouvait obligé de me demander le numéro du journal, que je n'avais pas, tandis que ce numéro était sur les lieux mêmes du débat et qu'il suffisait de mettre la collection du *Pays* à la disposition des deux honorables arbitres.

D'autre part, M. de Cassagnac allait pouvoir s'expliquer de vive voix et aussi longuement qu'il le voudrait devant le tribunal d'honneur. Et quelles explications allait-il fournir, lui qui n'était pas l'auteur de l'article et qui ignorait sans doute les circonstances à la suite desquelles il avait été écrit ? — Il me sembla que les explications de M. Paul de Cassagnac seraient justement celles que lui suggèreraient les gens qui, profitant de ses multiples occupations, lui avaient déjà donné le change sur l'existence de cet article et qui étaient — cela crevait les yeux — fort intéressés à ce que je n'eusse pas gain de cause dans l'affaire.

Quant à moi, séparé du tribunal d'honneur par une distance de plus de 500 kilomètres, je ne pourrais fournir des explications que par écrit, c'est-à-dire des explications nécessairement incomplètes.

Je me trouvais donc dans des conditions d'infériorité incontestable, et, de ce jour, je reconnus la nécessité, l'urgence pour moi d'écrire le récit des faits qu'avait si injustement qualifiés l'article du *Pays* du 30 juin 1874.

C'est ce récit que je vais entreprendre.

Ce sera une réponse à l'article du *Pays* du 30 juin

1874 et un moyen de me défendre devant tous ceux des bonapartistes — et ils sont, malheureusement, nombreux — chez lesquels on est parvenu à faire naître d'injustes soupçons et des préventions non moins injustes contre moi.

M. Raoul Duval et M. le comte d'Aulan auront ainsi sous les yeux, avant de porter un jugement, les pièces les plus importantes parmi celles qui constituent ma défense, et ils pourront juger en plus complète connaissance de cause.

MES ANTÉCÉDENTS

Le *Pays* m'a qualifié d'*escroc*, de *gredin*, de *journaliste famélique*, enfin d'*échappé du parti républicain*.

Je laisse de côté, pour le moment, les trois premières injures ou calomnies, sur lesquelles je m'expliquerai plus loin, et je réponds de suite à l'accusation d'être un *échappé du parti républicain*.

Voyons donc si le *Pays*, en me qualifiant ainsi, a fait autre chose qu'une boutade de mauvais goût et de mauvaise foi.

J'ai besoin, pour répondre catégoriquement à cette boutade, de remonter un peu au déluge, mais j'y resterai, j'espère, peu de temps.

Mon père, capitaine au 5e régiment de ligne, fut un des soldats de la grande armée.

Après la première abdication de Napoléon Ier, quoique sans fortune et malgré l'offre qui lui était faite de la grosse épaulette, il quitta le service militaire, jugeant sa carrière militaire finie dès l'instant que l'Empereur n'était plus le souverain de la France.

En 1815, il courut au-devant de l'illustre évadé de l'île d'Elbe. Quelques mois plus tard, il était dans les rangs de la glorieuse phalange que les Cosaques et les Prussiens de Saint-Pétersbourg, de Berlin et de... Paris appelaient les « brigands de la Loire, » et, Napoléon étant déchu une seconde fois, mon père jetait de nouveau l'uniforme aux orties et se retirait dans un petit village des Alpes dauphinoises.

Il attendait là, sans doute, un nouveau retour de l'île d'Elbe, car, dans un des cahiers de Mémoires qu'il écrivait au jour le jour, j'ai trouvé, à la date du 16 mars 1816, la note suivante, que je reproduis dans toute sa naïveté au point de vue historique (1) :

« Napoléon s'est embarqué dans le mois de juillet 1815. En vain des traîtres nous annoncent qu'il est à l'île Sainte-Hélène retenu par les Anglais. Ces mensonges n'ont pu avoir de crédit, et l'on sait qu'il est en Turquie, à la tête des armées, pour venir nous délivrer. Déjà Gibraltar est tombé entre les mains des Américains, ses alliés, et bientôt nous verrons ses aigles planer au milieu de notre belle France.

« Vivons toujours dans cet espoir !

« Nos cœurs le désirent avec impatience, et nous le seconderons de tout notre pouvoir s'il se présente encore au milieu de nous.

« Et gare la bombe ! Elle éclatera, je pense, pour anéantir cette sale et crasseuse caste qui s'efforce, mais en vain, de faire revivre parmi nous ses vieux et stupides préjugés. »

J'ai choisi, presque au hasard, cette note au milieu d'une foule d'autres du même genre contenues dans les cahiers de Mémoires de mon père. Elle suffira, je pense, pour établir que l'homme qui a écrit cela dans un cahier non destiné à la publicité était un bonapartiste incontestable, alors même qu'il n'eût pas donné d'autres preuves de sa fidélité à la fortune du fondateur de la dynastie impériale.

Or, mon père fut mon premier instituteur :

Dès que je fus à même de comprendre un récit ou une conversation, il me parla de Napoléon, il me cita des traits de l'histoire de Napoléon, il m'expliqua des gravures épisodiques où Napoléon figurait toujours au premier plan, gravures qui, avec des portraits de

(1) Naïveté qui s'explique par ce fait qu'en 1816 la vérité n'avait, pour prendre promptement le pas sur la légende, ni le puissant moyen du télégraphe électrique, ni les chemins de fer, ni les bateaux à vapeur, ni surtout la voix des milliers de journaux qui existent aujourd'hui.

Napoléon et des bustes de Napoléon, composaient à peu près toute la galerie d'œuvres d'art de cet ex-officier de la grande armée.

Dès que je commençai à savoir lire, je lus des livres se rapportant à l'épopée impériale. Il n'y avait guère dans la bibliothèque de mon père que des livres de cette catégorie.

Tout enfant, j'avais vu souvent mon père pleurer en parlant des adieux de Fontainebleau, du martyr de Sainte-Hélène et de sa mort, de la fin mystérieuse du duc de Reichstadt, etc., et, souvent, sans bien comprendre, j'avais pleuré avec lui.

Mon éducation première fut donc absolument une éducation bonapartiste. Mon père, tant qu'il vécut, chercha à inculquer en moi le culte qu'il professait pour les Napoléon.

Il paraît qu'il y réussit quelque peu tout d'abord. On pourra en juger par le trait suivant (1) :

J'avais onze ans lorsqu'en 1848 eut lieu le vote pour la nomination du président de la République.

Mon père était mort depuis un an, et je me trouvais auprès d'un oncle maternel, curé à M... (Drôme), le même qui dessert encore aujourd'hui cette paroisse, comprise dans la circonscription électorale qui a envoyé à la Chambre des députés M. le comte d'Aulan.

Le candidat officiel à la présidence de la République était, naturellement, le général Cavaignac, chef du pouvoir exécutif à ce moment. L'administration, le clergé, les pouvoirs judiciaires déployaient la plus grande activité dans le but de le faire élire.

L'évêque de Valence avait adressé aux prêtres de son diocèse une lettre pastorale pour les inviter à user de toute leur influence en faveur du vainqueur des journées

(1) Si je me permets, au risque d'allonger ma défense, de citer ce trait de ma jeunesse, c'est que le fait s'est passé dans une localité voisine de celle qu'habite M. le comte d'Aulan et qu'il pourrait être, par conséquent, très-facile d'en vérifier l'exactitude au cas où l'austère orthodoxie bonapartiste de M. Albert Rogat en viendrait à l'exiger.

de juin, et cette lettre pastorale, mon oncle le curé, conformément aux prescriptions de son évêque, en avait donné lecture du haut de la chaire.

Le maire de M..., jaloux de plaire au pouvoir en exercice, avait imaginé, dans l'intérêt du candidat officiel, la petite machination suivante :

Il avait soigneusement oublié au presbytère le portrait du prince Louis-Napoléon, qui lui avait été envoyé, et, en revanche, avait placardé à la place d'honneur, à la porte de la mairie, le portrait du général Cavaignac.

De plus, des affidés de l'administration, abusant de l'ignorance absolue de la plupart des électeurs, leur glissaient des bulletins imprimés de Cavaignac, tout en leur assurant que c'étaient des « billets de l'Empereur. »

Deux enfants furent témoins de ces manœuvres : ils combattirent la première en détournant, en *volant*, si l'on veut, le portrait du prince Louis-Napoléon que le maire avait laissé chez le curé et en placardant cette gravure à la porte de la mairie, à côté de celle qui représentait Cavaignac. Quiconque sait l'influence qu'exercent les images sur l'esprit du paysan trouvera peut-être que l'idée n'était pas trop mauvaise.

Quant à la deuxième manœuvre — la plus grave — de l'administration, les deux enfants dont il s'agit la combattirent en courant d'un electeur à l'autre, en prouvant à tous qu'on les trompait et en s'installant à une table en dehors de la salle du vote pour y écrire le nom de *Louis-Napoléon* sur une foule de petits carrés de papier blanc.

Lors du dépouillement du scrutin, on reconnut que, sur 126 voix exprimées, 111 étaient pour le prince Louis-Napoléon, et que deux mains seulement avaient travaillé à la confection, à peu près par moitiés égales, de 97 de ces derniers bulletins.

L'un des deux transcripteurs de ces 97 bulletins impérialistes était un enfant de treize ans, mon pauvre camarade Auguste Ricard, mort quelques années plus tard, au moment où, ordonné prêtre oblat, il allait s'embarquer à Marseille pour les missions étrangères. L'autre, c'était moi, et ce souvenir est resté parfaitement vivace dans mon esprit. Je n'ai même pas oublié que, le soir des élections, mon oncle le curé, qui, en bonne justice, ne pouvait voir sans déplaisir son propre neveu aller à l'encontre des instructions de son évêque, me tança fort vertement pour avoir fait « de la politique subversive, » ce qui fit que, dans ma dignité (!) froissée, je crus devoir aller me coucher sans souper.

Quelque enfantin qu'il soit, j'ai tenu à rappeler ce souvenir, qui prouve qu'en tous cas à l'âge de onze ans j'étais au moins un bonapartiste assez fervent.

M. Albert Rogat, qui m'accuse d'être un *échappé du parti républicain*, était probablement, lui, bonapartiste dès le sein de sa nourrice.

Ai-je été républicain depuis lors ?

Voyons.

De 1848 à 1860, j'ai été successivement collégien, puis militaire, puis professeur, trois situations différentes où je n'ai, vraiment, jamais eu le temps de faire de la politique. C'est vers 1860, au moment où j'atteignais ma vingt-troisième année, que l'idée me vint de tenter la carrière du journalisme. Je débutai dans cette carrière par le grade de simple soldat, et je la continuai par celui de sous-officier : je veux dire que je fus d'abord ouvrier typographe, puis correcteur d'imprimerie.

Je ne me souviens pas d'avoir, à cette époque, affiché des principes républicains, et je défie qui que ce soit, même M. Albert Rogat, de me montrer quelque part un manifeste, un article de journal ou un discours quelconque ayant le moins du monde ce caractère et que j'aurais signé ou tenu.

Le premier journal où ma prose ait reçu l'hospitalité, c'est le *Courrier de Lyon*.

Ce journal était-il un journal républicain? — A peu près comme le *Pays* l'était à la même époque et l'est encore aujourd'hui.

Le *Courrier de Lyon* était-il, dans le fond, un journal bonapartiste? — Je ne le crois pas. C'était, il est vrai, un officieux, jouissant du bénéfice des annonces judiciaires. Son rédacteur en chef finit même par être décoré par l'Empire, sur la proposition de M. Henri Chevreau. Mais je ne le crus jamais franchement rallié au gouvernement impérial, et je me souviens bien que beaucoup de mes articles, trop accentués dans le sens bonapartiste, étaient à cette époque journellement mis au panier.

Il paraît cependant que ceux de ces articles qui échappaient au capharnaüm des élucubrations refusées étaient quelque peu marqués au coin des idées impérialistes, puisque M. Paul de Cassagnac, m'écrivant, le 5 mars 1867, pour m'envoyer un extrait des papiers Lavarenne, m'assurait qu'il serait heureux s'il pouvait ainsi *être agréable à un confrère qu'il estime et qu'il honore.*

A ce moment paraissaient à Lyon plusieurs petits journaux sapant l'Empire par le sarcasme, par la satire, par le dénigrement, par le mensonge et par l'outrage. L'un de ces journaux appartenait au sieur Jules Clerc dit Jules Frantz, depuis 1871 réfugié à Genève, lequel avait pour collaborateurs parisiens Gustave Flourens, Jules Lermina, Delescluze, Félix Pyat et quelques-uns des Hugo. Un autre de ces petits journaux, intitulé l'*Excommunié*, était la propriété de Denis Brack, actuellement condamné à la déportation perpétuelle dans une enceinte fortifiée, et avait pour collaborateurs Royannez, Verlet et Eudes, l'assassin du pompier de la Villette.

La grande presse de Lyon, même la presse officieuse, même le *Courrier de Lyon*, restait spectatrice indifférente de ce travail de désorganisation sociale, de ces préludes de la future révolution.

En cela elle avait une sorte d'excuse, car elle ne faisait qu'imiter le parquet et l'administration : le mépris et le dédain pour les injures étaient à l'ordre du jour dans les régions officielles, à Lyon comme à Paris. Il y avait un mot bête qui se répétait : « L'opposition s'usera d'elle-même et se tuera par ses propres excès, » disait-on en lisant les ordures et les calomnies propagées contre le souverain et la famille impériale par les Rochefort et les sous-Rochefort.

Ce mot flattait l'apathie et la nonchalance, pour ne pas dire la peur, des uns et répondait au sentiment de désaffection et de rancune que d'autres fonctionnaires de l'Empire nourrissaient contre l'Empire qui les payait.

C'était la première étape vers le 4 Septembre. Le lendemain de Sedan, en effet, la révolution ne fit que passer du livre et du journal dans la rue, et bon nombre de fonctionnaires de l'Empire la laissèrent faire, comme ils l'avaient laissé prêcher.

Eh bien! dès 1869 il se trouva à Lyon quelques citoyens qui s'indignèrent de ces outrages et de ces calomnies tombant drus et serrés sur le pouvoir. Je fus du nombre de ces personnes.

Ne pouvant trouver dans la grande presse lyonnaise un organe où le combat pût s'engager à armes égales avec les feuilles démagogiques nommées plus haut, quelques-uns de mes amis et moi nous fondâmes un petit journal satirique hebdomadaire intitulé le *Rasoir*.

Dans ce journal, qui, pendant près d'une année, rompit des lances en faveur de l'Empire, de l'Empereur, du Prince Impérial et de l'Impératrice, parurent maints articles de moi qui eurent les honneurs de la reproduction dans le *Pays* avec force éloges de la part de M. Paul de Cassagnac et de ses collaborateurs.

Que M. de Cassagnac, s'il en a le temps, parcoure *lui-même* la collection du *Pays* de 1869-1870, et il y trouvera les articles élogieux dont je parle et qui, évidemment, ne s'adressaient pas à des républicains.

Je ne comptais donc pas encore dans les rangs de ce parti républicain dont M. Albert Rogat et le *Pays* prétendent que je suis un transfuge.

Le *Rasoir* fut supprimé, en janvier 1870, pour avoir, journal sans cautionnement, traité de matières politiques en prenant la défense du prince Pierre Bonaparte après l'affaire d'Auteuil.

Mon petit journal disparu, il ne me resta plus, pour défendre l'Empire, que le *Courrier de Lyon.*

Dès cette époque on commença, du reste, à me laisser dans cette feuille une plus grande liberté d'allures, les actionnaires du *Courrier*, tous honnêtes gens et conservateurs, ayant à la fin compris que les doctrines révolutionnaires étalées dans certains journaux et dans les réunions publiques menaçaient non-seulement l'Empire, mais encore la société et la fortune publique.

On me lâcha donc un peu la bride sur le cou, et j'entrepris dès lors une vigoureuse campagne contre la démagogie.

Ulric de Fonvielle, revenant du procès de Tours, avec Georges Cavalier dit Pipe-en-Bois, Ulysse Parent et autres *ejusdem farinæ*, se présentait aux électeurs de la 3e circonscription du Rhône pour remplacer au Corps législatif M. Perras, décédé.

Je combattis ces gens-là d'une façon assez énergique pour qu'on daignât m'attribuer une bonne part du piteux échec qu'ils éprouvèrent et pour me valoir du futur communard Pipe-en-Bois plusieurs lettres d'injures que je conserve comme de glorieux titres à l'estime des honnêtes gens. Cette campagne électorale ne m'a laissé qu'un remords : c'est, en combattant Fonvielle, d'avoir aidé au succès de M. Lucien Mangini, alors candidat officiel de l'Empire et qui, depuis, s'est fait élire sénateur en compagnie de Jules Favre et de Valentin et vote au Sénat avec ces deux recommandables pères conscrits.

La période préparatoire du vote plébiscitaire arriva.

On peut consulter la collection du *Courrier de Lyon* correspondant à cette époque : on y trouvera, retracées à chaque page et à chaque numéro, les preuves de mon dévouement aux institutions et aux personnes impériales.

Je ne citerai qu'un fait :

Du haut de la tribune d'une réunion publique, un orateur républicain, l'avocat Andrieux, aujourd'hui député, traita l'Empereur de « vieillard ramolli, usé par la débauche, gouverné par une femme espagnole, » le Prince Impérial de « scrofuleux, » le Sénat, dont faisaient partie le maréchal de Mac-Mahon, M. le président Bonjean, Mgr Darboy, de « réunion de vieillards cacochymes et incapables. »

Quelques jours plus tard et à l'occasion de ces injures, un duel avait lieu sur le territoire suisse entre l'avocat Andrieux et moi, et l'avocat Andrieux rentrait à Lyon avec trois blessures.

C'était, d'ailleurs, le deuxième duel que me valait ma fidélité à l'Empire : un an auparavant, j'avais eu la chance de trouer quatre fois la peau d'un républicain dont j'ai déjà parlé, le sieur Jules Clerc.

Le 4 Septembre arriva.

L'opinion publique, dès le premier moment, se rua avec frénésie sur l'Empire, sur l'Empereur et sur la famille impériale. Je n'avais jamais reçu de l'Empire ni faveurs ni encouragements, et personnellement je ne devais à ce régime aucune espèce de reconnaissance.

Je ne cédai pas, pourtant, à l'entraînement presque général, dont ne surent pas se défendre un grand nombre d'obligés, de favoris, de protégés et de fonctionnaires du régime qui tombait.

Alors qu'un journaliste qui a depuis longtemps la confiance et les faveurs des chefs du parti bonapartiste écrivait des choses comme celles-ci : « La révolution du « 4 septembre a été la conséquence de la déchéance « effective de l'Empire ; elle était la seule ressource, le « seul salut du pays. La proclamation de la république « est une mesure de salut public. » Alors qu'un autre journaliste, également très-prisé et très-favorisé par ceux qui nous dirigent aujourd'hui, dénonçait à Gambetta et à Pipe-en-Bois les bonapartistes de l'Ouest et offrait de les envoyer à Tours pieds et poings liés. Alors qu'un ex-député au Corps législatif, aujourd'hui encore député de l'Appel au peuple et très-bien dans les papiers d'un ex-ministre des plus importants sous l'Empire, adressait aux mêmes Gambetta et Pipe-en-Bois des déclarations comme la suivante: « Vous êtes mainte- « nant la France, le pays tout entier et je m'offre à vous « en adepte politique. Votre drapeau est le mien. L'avé- « nement de la République date de septembre; elle est « maintenant la République de l'honneur national et de « la liberté française. » Alors que le découragement, le désespoir ou d'autres sentiments inspiraient si vite aux favoris d'un gouvernement renversé par les démagogues, avec la complicité de l'ennemi, des palinodies aussi regrettables. Alors que la plupart de ceux dont le devoir était de verser, au besoin, leur sang pour défendre l'Empire l'abandonnaient lâchement et venaient grossir le nombre de ses assaillants. A ce moment, moi chétif, moi inconnu, moi obscur journaliste, ne devant rien à l'Empire, je réagissais de mon mieux contre ce courant impétueux.

Le soir du 4 Septembre, mon rédacteur en chef, qui, comme je l'ai dit plus haut, n'avait jamais été franchement rallié au régime impérial, commença son premier Lyon par la phrase que voici : « L'aventure de l'Empire est terminée. »

Cette phrase et d'autres tout aussi injurieuses me tombèrent sous les yeux avant le tirage du journal. Je protestai énergiquement, je demandai à mon rédacteur en chef de ne pas mêler la voix du *Courrier de Lyon* à celle de la canaille des faubourgs et du gouvernement insurrectionnel qui s'installait. Mes protestations et mes prières étant demeurées sans résultat, dès le lendemain je quittai un journal qui, après avoir soutenu le plébiscite avec ardeur, se rangeait parmi les détracteurs et les insulteurs du souverain tombé.

Et pourtant j'étais sans fortune et bien incertain de ce que j'allais faire pour gagner mon pain quotidien.

Quelques jours après je reçus des propositions d'un journal de Bordeaux, qui me demanda une série d'articles sur les événements lyonnais. Je commençai ainsi, dès le mois d'octobre 1870, et dans la limite des moyens en mon pouvoir, la réhabilitation de l'Empire en montrant l'indignité de ceux qui avaient renversé et remplacé l'administration impériale.

En même temps je fourbissais des armes pour l'avenir : j'accumulais matériaux et renseignements pour une campagne impérialiste que je me proposais d'entreprendre sitôt que les circonstances le permettraient.

Il me sembla que la signature des préliminaires de paix et la réunion d'une Assemblée nationale étaient cette occasion naturelle. Je proposai à divers journaux une série d'articles démasquant, au profit du parti conservateur et surtout du parti impérialiste, la tourbe d'ignorants, de gredins et de malfaiteurs que le flot révolutionnaire avait jetés à notre tête.

Aucun des journaux auxquels je m'adressai n'eut le courage de me laisser affronter dans ses colonnes la lutte que je voulais soutenir. Tous, du reste, repoussèrent presque avec indignation la proposition que je faisais d'essayer de réhabiliter l'Empire.

C'est alors que je me décidai à fonder la *Comédie politique*, afin d'avoir un journal où mon opinion pût avoir ses coudées franches.

L'apparition de la *Comédie politique* fut pour Lyon un événement considérable. Le succès de ce journal s'affirma rapidement. Après avoir assisté à cinq mois de basses adulations, dans les feuilles publiques, à l'adresse de Gambetta et de ses créatures; après avoir vu les journaux qui, dix-huit années durant, avaient chanté la gloire de l'Empire, se mettre à chanter sur le mode majeur la gloire de Jules Favre et du prétendu gouvernement de la Défense nationale, les honnêtes gens de tous les partis furent heureux de voir un journal s'aviser enfin de traiter ces gens-là comme ils le méritaient.

L'administration municipale de Lyon et tous les grotesques tyranneaux qui avaient régné sur notre ville depuis le 4 Septembre furent atterés lorsqu'ils virent qu'on les connaissait si bien. Ils furent si atterés qu'un certain nombre d'entre eux paraissent avoir songé à se débarrasser, par tous les moyens possibles, de celui qui faisait ainsi tomber leurs masques :

Pour ne citer qu'un fait, une convocation me fut adressée, m'invitant avec une politesse hypocrite à me présenter à la Mairie centrale « pour affaires qui me concernaient. » Je flairai un piége et refusai de me rendre à cet appel. Je fis sagement, paraît-il, car, depuis lors, plusieurs personnes — entre autres un ex-capitaine de la hideuse garde urbaine qui était chargée de la police de Lyon et qui ne comprenait guère que des gens de sac et de corde et une bonne moitié de repris de justice — m'ont affirmé que cette convocation était un simple guet-apens et qu'il s'agissait, ce jour-là, ni plus ni moins que de m'assassiner en plein Hôtel-de-Ville.

Ce n'est pas la seule fois, du reste, que des tentatives d'assassinat furent faites contre moi.

On le verra par la suite.

De l'aveu de bien des gens, la *Comédie politique* a rendu à Lyon de sérieux services au parti conservateur et surtout au parti impérialiste.

Je vais me permettre d'en rappeler quelques-uns :

Il y avait à Lyon une police ignoble composée, en majeure partie, de repris de justice. Je révélai cette situation, dont personne ne se doutait dans la population: la police du 4 Septembre disparut sous terre, et on dut rappeler l'ancienne, celle de l'Empire.

La garde nationale était, au point de vue purement conservateur, un foyer permanent d'émeutes et d'insurrections. Au point de vue impérialiste, la plupart des chefs de cette milice étaient des individus qui avaient collaboré au crime du 4 Septembre. — Les sarcasmes de la *Comédie politique* et une pétition que je fis signer par dix mille personnes en eurent raison en quelques mois : la garde nationale de Lyon fut la première désarmée en France.

A la même époque régnait à Lyon le proconsul Valentin. Sous son administration, le département du Rhône était en quelque sorte entièrement livré aux bêtes. Outre cette situation d'hostilité vis-à-vis du parti conservateur tout entier, M. Valentin était, surtout, un adversaire acharné de l'Empire: proscrit en 1851, il avait, si l'on en croit les documents officiels, occupé les loisirs de son exil à préparer en Angleterre, avec les internationaux, le renversement, pour ne pas dire pis, de Napoléon III. Depuis qu'il était préfet de Lyon, il voyait partout des conspirateurs et des espions bonapartistes : il avait, notamment, fait arrêter et incarcérer sous ce prétexte un M. Haas, qui l'a fait condamner, depuis lors, à 4,000 fr. de dommages-intérêts pour détention illégale. — La *Comédie politique* entreprit contre lui une vigoureuse campagne : en moins d'un mois elle en eut raison, et le proconsul Valentin fut obligé de fuir honteusement sa préfecture.

Je ne parle que pour mémoire de l'exécution, par la *Comédie politique*, d'un failli non réhabilité, ex-pensionnaire du bagne de Mont-Saint-Michel, dont on avait fait un haut employé des prisons.

Je mentionne aussi seulement en passant l'exécution de l'avocat Andrieux, naguère insulteur de l'Empire dans les clubs et dans les journaux, condamné pour cela à trois mois de prison en 1870, envahisseur de l'Hôtel-de-Ville au lendemain de la catastrophe de Sedan, membre du stupide et odieux Comité de salut public qui, pour me servir de l'expression même de Gambetta — un appréciateur peu suspect, — a été « la honte de la France et la risée de l'Europe ». C'est la *Comédie politique* qui fit tomber de la tête de l'avocat Andrieux la toque de procureur près notre tribunal de 1re instance qu'il avait prise comme sa part de butin lors du pillage du 4 Septembre.

Tels sont les faits qui, dans la carrière fournie par la *Comédie politique*, ont plus particulièrement frappé l'attention publique.

Mais le rôle de mon journal, au point de vue bonapartiste, s'est-il borné à ces exécutions méritées d'adversaires de l'Empire et de la famille impériale? — Je crois pouvoir revendiquer une part beaucoup plus grande dans l'œuvre de la réhabilitation d'un régime que ses malheurs et les mensonges de ses ennemis avaient jeté aussi bas.

« — Sans vous et votre journal, » me disait en 1874 un haut fonctionnaire qui s'était trouvé en situation d'apprécier les événements et de voir de près mes efforts, « sans vous et votre journal, la justification de l'Empire n'eût commencé que six mois plus tard, et les chances du parti seraient, à l'heure qu'il est, moitié moindres. »

Quelque flatteuse qu'elle soit pour moi, je n'accepte pas tout entière l'appréciation de ce haut fonctionnaire qui m'a toujours montré trop de bienveillance pour me juger avec impartialité et sans optimisme.

Mais, toute exagération mise à part, il y a des faits constants qui restent, tels que ceux-ci :

La *Comédie politique* est le premier journal qui, après Sedan, ait osé remonter le courant d'injures et de calomnies qui, toujours grossissant, semblait devoir entraîner à jamais l'Empire et la dynastie des Napoléons.

Quand parut le premier numéro de la *Comédie politique*, l'Empire était abandonné de tous, et bon nombre de ceux qui l'avaient servi avec zèle dans l'administration, dans la magistrature, dans l'armée, dans la presse — dans la presse surtout — et avaient été par lui comblés de bienfaits, joignaient, sinon leurs outrages, du moins l'expression de leur mépris aux calomnies de ses plus impitoyables ennemis.

Et pas un journal en France n'osait ou ne voulait prendre la défense ni du régime ni du souverain tombé.

L'*Avenir libéral*, pas plus que l'*Ordre*, ne paraissaient encore. Ni le *Gaulois*, ni le *Pays*, si bonapartistes depuis, n'avaient encore jugé le moment venu d'arborer leur drapeau d'aujourd'hui, qui, pour le dernier, du reste, était le drapeau d'hier. M. Paul de Cassagnac n'était pas de retour en France. Quant à M. Albert Rogat, si difficile maintenant en matière d'antécédents bonapartistes, on ne voyait nulle part alors sous sa signature de ces spirituels et nerveux articles dans lesquels il travaille si bien au relèvement du régime tombé...., quand il n'injurie et ne calomnie pas ceux qui sont, comme lui, les défenseurs de la dynastie impériale.

Or, à cette époque où, traqué de toutes parts par ses adversaires, le régime impérial n'était défendu ni par ses anciens fonctionnaires, ni par les milliers de ceux qui lui devaient tout au moins de la reconnaissance, à cette époque, dis-je, il ne paraissait pas un numéro de la *Comédie politique* qui ne contînt deux ou trois articles tendant de leur mieux à réhabiliter l'Empire dans l'esprit des populations, aveuglées par les malheurs de la défaite et de l'invasion et par les prédications des tristes héros du 4 Septembre.

Les brochures bonapartistes signées *Adam Lux* n'ont été publiées que longtemps après le premier numéro de la *Comédie politique* et n'ont souvent fait que reproduire, en meilleurs termes peut-être, une thèse déjà soutenue dans mon journal. Le livre de M. Fernand Giraudeau, la *Vérité sur la campagne de 1870*, notamment, livre si instructif et qui a été si utile au parti bonapartiste, publié en octobre 1871, ne fut, après tout, que le développement d'une série d'articles dont la *Comédie politique* avait commencé la publication dans son numéro du 28 mai 1871 et qui, pour la plupart, ont paru sous ce titre : la *Loi Niel*.

Je tiens à insister sur ce fait qu'à ce moment je n'avais aucune relation avec le Comité bonapartiste, qui probablement même n'existait pas encore. J'écrivais l'éloge et la glorification de l'Empire parce que c'était ma conviction, et non comme un journaliste « dont la plume est à vendre, » suivant l'expression du *Pays* et de M. Albert Rogat.

Il y a eu, du reste, de nombreux témoins qui ont rendu

hommage à mes efforts. J'ai dans mes archives personnelles plus de cinq cents lettres de félicitations et de remerciements. Elles émanent, il est vrai, un peu de toutes les fractions du parti conservateur — car la *Comédie politique* a joui d'une très-grande popularité parmi les honnêtes gens, — mais on peut y voir combien, dès le premier jour, le parti bonapartiste reconnut en moi un des siens et comment, pourrais-je même dire, il vit en moi son porte-drapeau dans notre région du Sud-Est.

Je ne veux pas reproduire ici toutes ces lettres. Il me faudrait pour cela faire un volume de très-grandes dimensions, et j'ai trop de confiance dans la loyauté et la bonne foi de mes coreligionnaires politiques pour croire qu'il faille tout cela pour ma défense. On trouvera bon, cependant, qu'attaqué comme je l'ai été ouvertement par M. Albert Rogat, comme je le suis sournoisement chaque jour par..... d'autres, je reproduise, au moins en partie, un certain nombre de ces lettres, qui sont la meilleure réponse à des calomnies dont mon zèle, mon dévouement et ma fidélité eussent dû peut-être me préserver.

Voici une première série de ces lettres :

Mars 1872

Abonnement de six mois au *courageux* journal de M. Ponct.

BÉRENGER,
Député, rue de la Pompe, 10, à Versailles.

Prière de m'envoyer les numéros déjà parus.

Lyon, 12 mars 1871.

Bravo, Monsieur ! En fondant votre *Comédie politique* vous avez eu une pensée bien louable et très-patriotique.

Ce n'est que par l'ironie et le sarcasme qu'on peut fustiger comme ils le méritent tous ces *purs* de la démagogie.

Continuez donc votre bonne œuvre et donnez du bois vert, à tour de bras, à tous ces gredins. . . . .
. . . .

X...
Conseiller à la Cour de.....

15 mars 1871.

Monsieur le rédacteur,

C'est le curé de R... qui vous écrit pour vous adresser ses félicitations sur vos talents, vos intentions et vos succès.

Veuillez lui adresser votre spirituelle et maligne feuille.

J. P...
Curé de R... (Ain).

28 mars 1871.

Monsieur,

Dans notre pays, on cherche toujours à se trouver du côté des gens d'esprit; mais, je l'avoue, je crois avoir un motif bien meilleur que celui-là pour venir à vous, et c'est, avant tout, parce que j'aime les gens de cœur, que j'admire le courage et que je l'honore, que je viens vous apporter à mon tour le témoignage de ma reconnaissance et de ma profonde estime.

J'espère qu'aucune représaille violente ne sera exercée contre vous. Mais, comme il est bon de tout prévoir et que cette prévoyance est le signe auquel on reconnait un dévouement sincère, je me permets, pour le cas où vous seriez menacé d'être *assassiné chez vous*, de mettre à votre disposition, et mon bureau, et mon logement personnel, devenu un asile parfaitement sûr.

Je constate ce soir le succès croissant de la *Comédie politique :* ce n'est qu'à grand'peine que je parviens à me procurer les exemplaires que j'ai promis à mes amis ; un peu plus on les mettrait à l'enchère. C'est presque par grâce et à titre de service qu'on ne me les fait payer que 25 centimes. Quelques-uns ont été revendus 1 franc et plus.

Loin de me plaindre, je me réjouis de ce témoignage, assurément non équivoque, du sentiment public.

M...

Membre du Conseil des prud'hommes de...

30 mars 1871

Permettez-moi, Monsieur, de vous féliciter bien sincèrement de la noble tâche que vous avez entreprise de démasquer les intrigants et les drôles qui grugent le pays et le poussent à sa perte.

P. C...

Lieutenant-colonel au...

25 avril 1871.

Monsieur le rédacteur,

Le hasard m'a procuré le plaisir de lire deux numéros de votre journal la *Comédie politique*.

Je loue et j'admire votre courage dans un moment où les honnêtes gens en ont si peu pour échapper au naufrage qui menace de les engloutir, car on pourrait comparer la société française à l'équipage d'un vaisseau qui resterait indifférent et dans l'inaction alors que les flots, soulevés par une furieuse tempête, menaceraient d'engloutir le navire.

Si la presse, les intrigants, les ambitieux ont causé la ruine et le déshonneur de notre belle France, il appartient à des hommes instruits, patriotiques et courageux, courageux comme vous, de sauver la société menacée, en dévoilant devant l'opinion publique les sottises et les turpitudes des fripons et des ignorants. Et c'est alors qu'on pourra dire de ces hommes, avec justice et raison, qu'ils ont bien mérité de la patrie.

Pour quant à moi, je voudrais qu'on fît frapper une médaille pour vous l'offrir, où seraient gravés ces mots dessus :

Au citoyen Ponet la ville de Lyon reconnaissante.

Agréez, mon cher rédacteur, les sentiments d'admiration et respectueux.

D'UN PAYSAN.

Horticulteur à.............

M..... le 5 mai 1871.

. . . .

Veuillez m'abonner à votre excellent journal . . . . . .
Continuez à flageller ces misérables coquins qui ont usurpé le pouvoir. Je crois que vous faites une bonne œuvre. Mais c'est un rude métier.

L...
Curé.

Camp de....., 6 mai 1871.

Mon cher Ponet,

Je viens vous faire mon sincère compliment. Je trouve que vous faites preuve d'un talent, d'une verve et d'un courage aussi remarquables que dignes d'éloges... Bien certainement, il vous serait réservé un bel avenir dans le journalisme si, en France, on pouvait arriver à un bel avenir en combattant pour l'ordre et la raison..... N'importe! vous vous êtes déjà conquis une place distinguée..... Quant à moi, je vous crie : Bravo! et je vous exprimerai aussi le plaisir que je ressentis lorsqu'à mon passage à Lyon je vis, *par un de vos numéros, que vous étiez resté fidèle à vos premières opinions, ce qui n'est pas un mince mérite par ce temps d'apostasies politiques.....*

P. M...
Capitaine au..... de ligne.

Cette lettre, d'un impérialiste sincère et qui m'avait vu à l'œuvre autrefois, est, à elle seule, une réponse catégorique aux accusations du *Pays* me taxant « d'échappé du parti républicain. »

Lyon, 10 mai 1871.

Monsieur,

Tous les hommes de cœur et animés d'un véritable patriotisme admirent l'énergie, l'héroïsme même, vraiment chevaleresque, du directeur de la *Comédie politique*, le seul journal qui ose faire entendre, à l'heure qu'il est, autant de tristes vérités.

X...

Lyon, le 17 mai.

Monsieur le rédacteur,

Quoique, dans le temps, vous fussiez au rang des gens que je détestais, je ne puis aujourd'hui taire mon admiration, car votre journal est rédigé avec esprit, et vous avez entrepris une noble tâche.

Z...
Maître d'armes à.....

Lyon, 22 mai 1871.

Il est bien juste que vous soyez encouragé et remercié dans la bonne tâche que vous vous êtes donnée. C'est pour cette raison que je vous envoie la lettre ci-jointe, qui est l'expression, non seulement de mon sentiment, mais celle du sentiment de presque tous vos lecteurs.

Vous voudrez bien me la retourner après l'avoir lue.

Ve S..,
Rue de Bourbon, n° ....., Lyon.

Extrait de la lettre adressée à Mlle Marie S... par un fonctionnaire de l'intendance dans le Nord :

Tu diras bien à ta maman comme je la remercie de son envoi de journaux.

J'ai lu les huit numéros aussi vite que possible, vu le peu de loisir que me laisse ma boutique, et j'ai fait profiter de ce retard obligé quelqu'un qui en a été bien heureux : c'est le pauvre capitaine de M..., le paralytique.

Il a ri plus d'une fois aux larmes en lisant cette *Comédie politique.* Il dit, comme moi, que les rédacteurs de ce journal-là sont des gens de cœur et de courage. Si tout ce qui est honnête avait toujours montré autant de fermeté vis-à-vis des gredins, nous n'en serions pas où nous en sommes.

Je remets les huit journaux à la poste en même temps que cette lettre.

Ernest...

Dimanche, 28 mai 1871.

Cher Monsieur,

Hercule se fit donner 300 bœufs pour nettoyer les étables d'Augias, et pour trois sols vous nettoyez les nôtres, bien autrement sales.

Gloire à vous!

Demain lundi c'est vogue à Saint-Priest. Filles et garçons vont y danser. Ils danseraient sur des tombeaux. C'est bien tout comme, hélas! aujourd'hui, dans notre pauvre France, vaincue par l'étranger, déshonorée par les siens! Bref! ils danseront: ainsi va le monde! C'est égal, rire au nez de sa mère agonisante, c'est dur!

Venez, petit-fils d'Hercule, non pas danser, mais jouer aux boules et dîner demain! Laissez dormir un jour votre balai et accordez répit à nos grands hommes pendant ce temps. Il y gagneront et moi aussi.

Tout à vous.

L. Bonnardet (1).

R....., 16 juin 1871.

Que les journalistes ne montrent-ils autant de courage que vous et que ne sont-ils secondés par la dixième partie des honnêtes gens! — Jamais nous n'aurions à redouter la triste et hideuse phase que nous venons de parcourir. Vous savez réunir le bon sens avec la verve pour stigmatiser toutes les turpitudes et châtier un peu l'apathie et la bêtise de ce qu'on

---

(1) M. Louis Bonnardet, aujourd'hui décédé, qui m'écrivait cette trop aimable lettre, était le président de la Commission des prisons, qui fut maire de Saint-Priest pendant toute la durée de l'Empire et que l'Empereur avait décoré à son passage à Lyon en 1860.

nomme vulgairement le parti de l'ordre, composé de toute la gent égoïste et moutonnière : parti essentiellement conservateur..... de sa peau. Quant au reste, arrive que pourra ! Et il arrive de belles choses !..... Race non dégénérée — le mot n'est pas assez fort — mais abâtardie, avachie !

. . . .

Je lis toujours la *Comédie politique* — bien nommée, par parenthèse ! — avec un extrême intérêt, admirant votre verve et, je le répète, votre courage.

Je compte aller vous serrer la main un de ces jours.

L...

Lieutenant au ..... de ligne.

N....., 23 juin 1871.

Monsieur,

C'est avec un vif intérêt que, chaque dimanche, je lis, dans la *Comédie politique*, vos articles écrits avec autant de verve que de bon sens. C'est avec satisfaction que je vous vois flageller justement et sans pitié ces tyranneaux ridicules, ces ambitieux sots et vulgaires, honte de notre époque et de notre malheureux pays.

V. C...

Contrôleur des finances....

Cohors sebusiana

De Monsurbi, situé au pied du mont Lavocat, province du Bas-Bugey.

Juillet 1871.

Monsieur,

J'ai l'honneur de vous prévenir que votre petite feuille commence à s'infiltrer dans les interstices de nos pauvres et dénudés rochers.

. . . .

Seigneur et maître de la *Comédie*, ayez bon courage, et touchez dur, fort et longtemps. Vous ferez justice, et vous satisferez les polyglottes du Bas-Bugey, qui, en attendant mieux, vous portent une rude santé verre en main et serrent avec effusion la vôtre en répétant à nouveau : Ayez bon courage et tapez dur !

Pour tous affectueux salut,

C...

Château d'H..... (Saône-et-Loire), juillet 1871.

Monsieur,

En dévoilant l'incapacité administrative des pygmées qui nous gouvernent et en publiant leurs noms sans blesser la vérité, vous dites comme Boileau : « J'appelle un chat, un chat, etc. »

L'esprit français applaudira votre langage, comme dans le grand siècle il applaudissait le grand satirique.

Votre serviteur,

J. T. d'.....

C... (Saône-et-Loire), 13 août 1871.

Il me faudra de toute nécessité une saison au Mont-Dore pour me remettre de la lecture faite à tout instant du jour et pendant trois mois, de l'article les *Journées d'Avril (Comédie politique* du 9 avril), article, comme tant d'autres, touché de main de maître.

J... C...

P..... près T..... (Ain), le 11 septembre 1871.

Monsieur.

. . . .

Recevez, avec mes salutations respectueuses, toutes mes sympathies et mes félicitations pour le zèle hardi avec lequel vous flagellez tous ces gredins.

C...

Lyon, 1er octobre 1871.

Monsieur Ponet,

Tous les dimanches, vous empiétez sur mes promenades..... Après la messe, vous êtes mes vêpres, car je lis avec ferveur votre inimitable *Comédie politique*, que je mets au rang des devoirs imposés par le dimanche et au nombre de mes plus chères distractions.

Je ne vous dirai pas que vous êtes mon idéal : je ne vous connais pas et je n'ose point paraître aussi romanesque. Mais vous êtes mon Dieu, mon culte, ma religion, car je ne me prosterne que devant le courage. Rien n'est beau comme cela ! Vous êtes brave, je dirai même : Vous êtes une bénédiction du ciel pour ceux qui, comme moi, exècrent tous ces pantins que vous mettez si bravement à l'index et qui, en dépit de tous leurs poings tournés contre vous, sont obligés de courber honteusement la tête sous le ridicule que vous savez si spirituellement leur jeter.

. . . .

Recevez les félicitations d'

Une de vos lectrices.

C..... (Rhône), 13 octobre 1871.

Monsieur,

. . . .

J'admire votre courage. S'il y avait dans notre malheureux pays un certain nombre d'hommes comme vous, nous ne serions pas plongés dans l'abîme, dans le gouffre où notre aveuglement nous pousse chaque jour.

P. R...

Conseiller général.

X... (Algérie), 26 octobre 1871.

Monsieur,

. . . .

Continuez la rude tâche que vous avez entreprise. On est heureux de voir les honnêtes gens pousser du pied dans le ruisseau, d'où ils n'auraient jamais dû sortir, les tristes héros du 4 Septembre et leur clique.

H...,

Lieutenant au ...

Décembre 71.

Monsieur,

Le bruit s'était répandu vendredi et samedi que le courageux rédacteur de la *Comédie politique* était tombé de nouveau dans une embuscade et avait failli être assassiné. Ce bruit a donné plus d'une fois à l'opinion publique l'occasion d'éclater avec une violence extrême : des gens ne parlaient de rien moins que de faire un nettoyage général des malandrins et de leur brûler la cervelle partout où on pourrait les trouver.

Ce sont là de bons signes ! On sent de plus en plus dans le public combien le rôle de la *Comédie politique* est grave, et on en mesure la portée.

X...

Greffier au ....

Ch... (Rhône), 18 décembre 1871.

Je viens m'abonner à la *Comédie politique*.

C'est une charmante publication que j'estime d'autant plus qu'elle porte, à mes yeux, le double cachet de l'honnêteté et de la vérité, qualité si rare à notre époque.

D.....,

Curé.

Dijon, 24 décembre 1871.

. . . .

Bonjour à M. Ponet.

Il serait à désirer que le centième des journalistes n'eût pas plus peur que lui.

G.....,

Maître d'hôtel (1).

(1) Le même qui conduit, tous les ans, une députation de fidèles à Chislehurst.

B....., 1er janvier 1872.

Mes bien vives félicitations au directeur de la *Comédie politique* et mes plus sincères souhaits de prospérité à une feuille qui dit tant de vérités à nos gouvernants et procure tant de plaisir à ses lecteurs.

V. B...

Professeur de philosophie au Lycée de ...

Saint-G... (Hérault), 15 janvier 1872.

Courage, monsieur, les hommes de votre caractère sont, malheureusement, trop rares par le temps qui court.

Acceptez, à titre d'encouragement, deux nouveaux abonnements de six mois.

D.....

B..... (Ain), 17 janvier 1872.

. . . .

Je n'ose pas vous féliciter sur votre courage à défendre la bonne cause : je vous suis trop inconnu. Mais tout au moins je fais pour elle les vœux les plus ardents.

V. R.....

Propriétaire.

R.... (Loire), 23 janvier 1872.

Monsieur,

. . . .

P.-S. — Je causais de vous, l'autre jour, avec M. Bonnardet, président du comité des actionnaires du *Courrier de Lyon*, et il m'exprimait ses regrets de ne pas vous avoir apprécié à votre véritable valeur pendant que vous étiez à ce journal. Il vous jugeait capable, mais non supérieur.

L. D......

Marseille, 25 janvier 1872.

Monsieur,

Je lis toujours avec plaisir votre courageux journal. Vous avez pour vous tous ceux qui aiment la justice et la vérité. Votre œuvre est noble et patriotique. Démasquer les ingrats, les lâches et les menteurs : tel est le devoir des honnêtes gens.

Comte C.....

Ferney, près Genève, 6 février 1872.

Monsieur,

Il ne faut pas sortir seul le soir.
Il y a des hommes qui désirent votre mort.
Surtout pendant l'Exposition il faut éviter les rassemblements.
Agréez l'hommage de ma haute considération.

E. S.....

Lyon, 14 février 1872.

Monsieur,

Laissez-moi vous remercier de l'heure agréable que vous me faites passer tous les dimanches. Depuis longtemps votre journal est ma lecture favorite. Votre *Rabagas* de dimanche dernier était on ne peut mieux tourné.

Continuez à flétrir le vice et la trahison. Poursuivez de votre verve impitoyable et malicieuse tous ces hommes qui, par leurs discours et leurs actes, ont amené l'époque malheureuse où nous sommes. Si ceux que vous attaquez ne sont pas bien aises de voir leurs hideuses turpitudes et leurs ignobles penchants à découvert, bien des sympathies vous sont acquises pour le courage avec lequel vous dites la vérité.

Savinien D.....

A....., 9 mars 1872.

Monsieur,

J'applaudis de tout cœur à vos nobles efforts. Si le jour des justices doit venir bientôt, bien certainement vous aurez hâté son aurore. Je suis inconnu de vous, mais mille fois déjà j'ai voulu vous écrire pour vous témoigner toute ma sympathie.

Abbé V.....,
Professeur au petit séminaire de A.....

X..... (Haute-Savoie), 10 mars 1876.

Monsieur,

Les épreuves sont le creuset où s'épurent les convictions. Les combats ne sont livrés qu'à ceux qui sont capables de les soutenir. Les persécutions ne sont dirigées que contre ceux qui en sont jugés dignes.

Vous êtes dans ce cas.

Courage, monsieur ! Les honnêtes gens sont avec vous contre cette valetaille du 4 Septembre dans le combat que vous soutenez si vaillamment depuis un an !

Ne faiblissez pas, mais vous raidissez contre l'épreuve...... Vous finirez toujours, avec le droit de votre côté, par faire fuir ces hideux reptiles que le mauvais génie de la France a vomis sur nous en des jours de calamité.

Un temps viendra où la lumière se fera complète, où le peuple travailleur, désabusé, fera lui-même justice des sinistres charlatans qui le volent, le trompent, le bafouent, sans qu'il veuille s'en apercevoir.

. . . .

Encore une fois, courage !

N.....,
Compositeur-typographe.

Lyon-Brotteaux, 28 avril 1872.

Je vous félicite chaudement et de tout mon cœur, très-estimé monsieur Ponet, de votre excellent article de fond intitulé « *Déchéance et Plébiscite,* » qui renferme des arguments ne souffrant, à mon avis, aucune contestation quelconque.

Tout à vous.

Votre sincère admirateur,

A. C.

La G....., 17 mai 1872.

Monsieur,

Je viens de lire votre délicieuse *Comédie politique,* et je m'empresse de vous envoyer le montant d'un semestre d'abonnement, afin de m'abreuver souvent du lait qu'il me semble boire à la lecture de vos articles, réquisitoires honnêtes et convaincus.

Agréez l'assurance de mes sentiments de confraternité politique.

G.....,

Employé aux mines de .....

Saint-Jean-Pied-de-Port, 20 mai 1872.

Mon cher monsieur,

. . . .

J'espère que vous entrerez en relations avec tous les chefs de file de l'Empire et que vous deviendrez vous-même un homme important dans notre parti, qui doit s'estimer heureux d'avoir une vaillante nature comme la vôtre.

X.....,

Capitaine.

L..... (Ain), 16 juin 1872.

Mon cher monsieur,

Voilà deux numéros de la *Comédie politique,* à laquelle je suis abonné, que je ne reçois pas.

Auriez-vous succombé sous les foudres de l'éloquence du citoyen Andrieux ?

Je vous prie de me dire : Petit Ponet vit encore.

Petit !... vous êtes plus grand que bien des gens de grande taille, mais de peu de courage.

Vous avez eu le courage de vos opinions dans une ville comme Lyon, et vous n'avez pas craint de les publier. Vous avez commencé les travaux d'Hercule et en avez accompli plusieurs.

Poursuivez l'œuvre que vous avez entreprise ! Nettoyez à fond les écuries d'Augias, et vous aurez rendu à la société un véritable service.

Si j'étais à Lyon, j'irais vous serrer la main. J'aime les hommes de cœur et d'énergie.

Donnez-moi donc de vos nouvelles, car je m'intéresse à vous et à la politique que vous soutenez.

Dr G.....

X..... (Rhône), 20 juin 1872.

Monsieur,

Quoique je ne partage pas vos opinions bonapartistes, je suis un de ceux qui admirent votre courage à combattre les révolutionnaires qui ont fait le malheur de la France et que je hais comme vous.

C.....,
Clerc de notaire.

Saint-A..... (Jura), 6 juillet 1872.

Monsieur,

J'ai suivi avec le plus vif intérêt le procès que vous avez eu à soutenir contre le procureur de la République Andrieux.

Vous avez triomphé au fond, quoique vous ayez succombé dans la forme.

Le parquet de Lyon a été délivré de cet homme. Vous avez donc rendu un service éminent à l'ordre public.

. . . .

Veuillez agréer, monsieur, avec l'expression de la vive sympathie qui est due à votre courage, l'expression de mes sentiments de considération distinguée.

de M.....

S..... (province de Constantine), 17 juillet 1872.

Monsieur,

Voudriez-vous m'envoyer, je vous prie, le discours de M. Rouher en réponse au duc d'Audiffret-Pasquier.

Permettez-moi, monsieur, de saisir cette occasion pour vous féliciter sur le succès de votre œuvre courageuse : la haine que vous a vouée la canaille est trop honorable pour que je croie nécessaire de vous dire qu'elle vous a concilié l'estime des honnêtes gens.

. . . .

Je ne veux pas abuser de vos instants, monsieur, et si je me suis oublié un peu, moi qui vous suis inconnu, à causer avec vous, c'est que vos idées sont tellement les miennes qu'un intime m'a accusé, un jour, d'être votre collaborateur.

B.....,

Officier aux zouaves.

Saint-Sauveur (Hautes-Pyrénées), 7 août 1872.

Tous les honnêtes gens, monsieur, doivent, malgré sa forme parfois un peu vive, apprécier la vigueur et le courage que déploie votre journal.

Nous assistons à tant de défaillances, à tant d'abdications, qu'on aime à rencontrer cette ardeur au combat contre le mal qui nous envahit.

Ch. d' .....,

Avocat (1).

Lyon, 16 août 1872.

Monsieur,

Permettez-moi de vous féliciter du courage que vous n'avez cessé de montrer dans la lutte que vous avez entreprise. Démasquer les gredins, les intrigants de bas étage, est le rôle

(1) Aujourd'hui avocat général à la Cour de .....

d'un homme de cœur. Espérons que nous verrons luire le jour où vos efforts seront couronnés d'un légitime succès.

Général X..... (1).

Château de B..., par ... (Loire), 17 septembre 1872.

Permettez-moi, monsieur, quoique je ne sois pas connu de vous, de vous adresser mes biens sincères félicitations sur le courage et le talent avec lesquels vous défendez une cause qui a toutes mes sympathies.

Veuillez croire à mes sentiments d'entière estime.

Vicomte de S.....

L.... (Saône-et-Loire), le 16 octobre 1872.

Monsieur,

. . . .

Je ne puis vous dissimuler combien j'applaudis au courage que vous mettez à dévoiler les turpitudes de la *fripouille* qui a envahi les honneurs et les places depuis le 4 Septembre.

La radicaille s'en émeut. Mais elle continue.

Votre excellent et courageux journal lui donne la rage au cœur. Fasse le ciel qu'elle en périsse! *Amen*!

. . . .

On ne saurait trop propager votre journal dans les campagnes, où la propagande révolutionnaire a gâté tant d'esprits.

R.-B.

Propriétaire.

Château de ..... (Ain), 28 novembre 1872.

Monsieur,

. . . .

Il y a bien longtemps que je désire serrer la main de l'homme de cœur et de poigne qui porte si noblement le drapeau impérial et le défend avec une si vigoureuse éloquence.

Ma voiture vous attendra dimanche à ....., à l'arrivée du train.

Comte de .....

(1) Aujourd'hui sénateur.

Lyon, 3 décembre 1872.

Monsieur,

Dans votre numéro du 24 novembre, j'ai lu avec plaisir l'éloge que vous faites de la famille impériale.

Ce que vous dites de Sa Majesté Eugénie n'est non-seulement pas surfait, mais bien au-dessous de la vérité. Comme vous, nous avons apprécié ses charitables institutions.

Quelque lutte que vous ayez à soutenir contre vos adversaires, persévérez. La cause que vous soutenez est appuyée sur des principes solides et impérissables.

Je ne suis qu'un simple sergent, et je n'ai pas beaucoup d'instruction ; mais, comme vous, monsieur, j'en suis pour le suffrage universel, et je vous assure que la plupart de mes camarades pensent comme moi.

J. P.....,

Sergent au 98e de ligne.

Lyon, 7 décembre 1872.

Monsieur,

Nous vous remercions, mes amis et moi, de votre courage héroïque. Nous ne vous abandonnerons pas dans l'œuvre réparatrice que vous avez entreprise, quoique nous soyons pauvres.

Tout à vous de cœur,

M.....

Lyon, 8 décembre 1872.

Monsieur le rédacteur.

C'est avec le plus vif plaisir que j'ai lu votre article intitulé la *Muse au pétrole*.

Jusqu'à présent il ne s'était pas trouvé, parmi les grands journaux soi-disant conservateurs de notre ville, un seul écrivain pour faire sentir à Mme Ernst quelle suprême inconvenance il y avait pour une femme de son âge à se changer en histrion politique et à insulter grossièrement une grande infortune.

Merci, monsieur, de vous être fait l'écho de la conscience publique révoltée (1).

L. B.....

A la fin de ce paquet de lettres que je viens de reproduire sans commentaires, je trouve plusieurs pièces de vers dans lesquelles ce sont mes louanges qui sont chantées.

Quand on a à se défendre d'accusations comme celles que l'on m'a jetées, la modestie n'est plus de mise.

Je reproduis donc les passages suivants de deux de ces poésies :

I

A M. Ponet, rédacteur de la COMÉDIE POLITIQUE.

. . . .

Aux traits sanglants de ta satire
Tout homme de bien applaudit.
Le méchant, quand il feint d'en rire,
En secret tremble et te maudit !
Mais de sa colère impuissante
Tu ris, et par de nouveaux coups,
Qui la rendent plus frémissante,
Tu réponds à son long courroux.
Des hurleurs ameutés le nombre
A voulu te faire pâlir ;
Mais tu parais, et, comme une ombre,
On les a vus s'évanouir.

. . . .
. . . .

(1) L'article la *Muse au pétrole*, auquel cette lettre fait allusion, était une verte mercuriale à l'adresse de Mme Ernst, la soi-disant *lectrice en poésie des cours de la Sorbonne*, laquelle, du haut des tréteaux du Casino de Lyon, déclamait avec force gestes et déhanchements, les poésies les plus odieuses contre l'Empire et la famille impériale.

Mais ce n'est pas sans juste crainte
Qu'on te voit si souvent braver
L'attaque ou la perfide atteinte
Du poignard ou du revolver.
« Sous les coups de quelque sicaire, »
Chacun demande, « est-il tombé ? »
— Non, le voilà, front haut, levé.
Etc....., etc....., etc.....,

R.....,
Propriétaire à Trévoux (Ain).

II

A M. Ponet, rédacteur en chef de la COMÉDIE POLITIQUE.

Un vieux troupier n'est pas flatteur,
Mais vous fîtes, cher rédacteur,
Un acte tout patriotique
Lorsque, sans reproche et sans peur,
Dans notre presse politique,
Vous fondâtes votre journal.
Aux Romains de la décadence
Hélas ! ne ressemblant pas mal,
Certains Lyonnais de la France
Devaient avoir leur Juvénal.

Or, vous l'êtes par le courage,
Par la lanière aux mille bouts
Que suivent de tels cris de rage
Qu'on dirait hurlements de loups.

Ces rouges amis du désordre
Vous montrent à l'envi les dents,
Jappent et tâchent de vous mordre
Comme des chiens de meute ardents.

Vous, devant tout ce grand tapage,
Vous ne sourcillez même pas,
Et de plus belle sur leur tas
Pleuvent, comme d'un gros nuage,
Coups de bois vert et d'échalas !
Etc....., etc....., etc.....

A. B..... (1).

---

(1) Un aimable vieillard, fort connu et fort estimé à Lyon, et, de plus, ancien soldat de Wagram et de Waterloo.

Le 16 septembre 1871, je tombai dans un guet-apens organisé, sur la place des Terreaux, par des individus que la peur du retour de l'Empire effrayait et que mes articles en faveur de ce régime irritaient outre mesure. Ces aimables *citoyens* avaient, pour la circonstance, emprunté l'aide de certaines gens que la garde nationale faisait vivre : adjudants, adjudants-major, clairons, tambours, lesquels ne demandaient pas mieux que de tirer vengeance des articles et de la pétition de la *Comédie politique* auxquels était dû, en définitive, le désarmement prématuré de cette milice insurrectionnelle.

Ce fut au cri de *Badinguet! Badinguet!* que plusieurs centaines de malfaiteurs m'assaillirent en plein jour, et ce ne fut qu'à l'exhibition en temps utile de mon revolver que je dus de ne pas être assassiné sur place et jeté au Rhône.

La nouvelle du danger que j'avais couru se répandit rapidement et provoqua en ma faveur de telles marques de sympathies que, pendant huit jours au moins, les bureaux de la *Comédie politique* et mon domicile personnel, à Villeurbanne, ne désemplirent pas de visiteurs et de visiteuses.

En même temps, je recevais — je puis le dire — des quatre coins de la France des lettres de félicitations et des témoignages du plus vif intérêt.

Au risque d'être un peu long, je vais — puisqu'on m'oblige à une réponse à fond — reproduire quelques-uns de ces témoignages de sympathie, tels que jamais peut-être n'en reçurent ni M. Rogat ni ceux qui lui inspirèrent sur moi les amabilités qu'on a pu lire plus haut.

Donc, voici quelques extraits de diverses lettres de cette époque :

Lyon, 17 septembre 1871.

Monsieur Ponet,

Pour remplir la tâche que vous vous êtes imposée, il faut avoir une force et un courage d'Hercule ; il faut avoir, de plus, la prudence du serpent, l'agilité de l'écureuil, la finesse du renard, l'aplomb du ferblantier par dessus tout, parce que, de même que le ferblantier a peu de largeur à suivre sur le bord d'un toit, de même vous ne pouvez guère vous écarter de votre étroit chemin sans tomber entre les mains de vos ennemis.

Plus votre tâche est difficile, plus nous vous estimons dans votre laborieux, téméraire et pénible travail.

Veuillez agréer, monsieur Ponet, nos salutations et nos remerciements bien sincères.

Th.....

Ouvrier tisseur en soie.

Saint-Haon-le-Châtel (Loire), 20 septembre 1871.

Mon cher client,

Je vous adresse une vigoureuse poignée de main au milieu de vos ennuis... La garde nationale a fini comme elle devait le faire : par une ignominie.

N'oubliez pas que, si vous avez besoin de moi, je suis toujours à votre disposition.

Tout à vous,

GENTON,

Avocat.(1)

Lyon, 24 septembre 1871

Monsieur le rédacteur en chef,

Je prends la liberté de vous écrire ces lignes pour vous exprimer le regret que j'ai eu d'apprendre que ces hommes, dont l'âme est vile, vous aient traité avec une brutalité si lâche. Mais j'espère, monsieur, que le bon Dieu ne permettra pas que les suites soient fâcheuses et qu'il protégera toujours

---

(1) Le même M. Genton qui a soutenu, l'autre jour, avec tant d'esprit et de succès la demande de Mme la comtesse de Montijo contre les journaux le *Censeur*, le *Progrès de Lyon* et le *Progrès de l'Ain*.

un honnête homme comme vous, qui avez le courage de dire la vérité pour défendre le droit des braves gens.

Recevez, monsieur, les salutations respectueuses d'une de vos lectrices empressées et dévouées.

L. B.....

Chalons, 25 septembre 1871.

Monsieur A. Ponet,

Louange à Dieu ! les coquins qui vous ont assailli vous ont laissé la vie sauve et tous vos membres.

Ma dernière lettre vous disait, pourtant, de vous méfier, qu'on en voulait à l'auteur de tous les articles qui blâmaient si fort, et avec juste raison, tous les gredins réunis.

Devenez de plus en plus prudent, et acceptez, avec ma satisfaction de vous savoir sain et sauf, l'expression de mes sentiments affectueux.

J. C. C.....

Sedan, 25 septembre 1871.

Monsieur,

Je sais seulement d'hier l'affreux guet-apens dont vous avez failli être victime.

Je viens aujourd'hui vous féliciter de vous être tiré d'affaires sans conséquences fâcheuses et d'avoir fait bonne contenance devant les attaques d'une vile populace.

Après tout, tant mieux!

Cet accident vous désigne mieux encore à l'attention et à l'estime des hommes d'ordre, dont vous défendez les principes avec autant de talent que de courage.

Pour moi, je profite de la circonstance pour vous envoyer mes plus cordiales poignées de mains.

X.....,

Professeur au Lycée de .....

Besançon, septembre 1871.

Mon cher monsieur Ponet,

A mon retour de vacances, je lis l'épisode honteux de l'agression dont vous avez été victime.

Je me hâte de vous envoyer le témoignage de ma sympathie et de vous féliciter d'avoir conservé une plume dont vous vous servez aussi bien que de l'épée.

A vous bien cordialement.

H. Eloy,

Avocat général à Besançon.

A la même époque, et à propos du même événement, un autre avocat général, qui est aujourd'hui procureur général à ....., m'apercevait dans la rue, venait à moi et, me serrant la main avec effusion, me disait : « Monsieur Ponet, tous les honnêtes gens sont avec vous ! »

Parmi les centaines de cartes de visite qui m'arrivèrent à cette occasion, je ne citerai que les deux suivantes, qui contiennent des annotations :

E. de S.....,

Conseiller de préfecture de .....

Un peu tard, mais était absent de chez lui au moment où journaux annonçaient odieuse agression.

Un progrès, n'est-ce pas ? sur les vingt ans d'Empire !

Ch. X.....,

Econome de l'hospice de .....

Toutes mes sympathies à votre héroïque courage.

Votre lecteur et admirateur.

J'ai conservé pour la fin une lettre que sa date plaçait à un autre rang dans l'ordre des félicitations qui me furent adressées à l'occasion du guet-apens de la place des Terreaux.

Cette lettre-là, je veux la donner *in extenso*, car elle émane, comme on pourra le voir, d'une dame du monde intelligent et distingué, d'une femme d'esprit avant tout, et qu'elle constitue le témoignage de sympathie qui m'a le plus touché dans toute ma carrière de journaliste.

Voici cette lettre :

Lyon, 24 septembre 1871.

Voulez-vous me permettre, monsieur, de joindre le témoignage de ma vive et réelle sympathie à tous ceux que vous recevez en ce moment ?

Lectrice assidue et souvent charmée de votre énergique petit journal, j'ai plus d'une fois pris la plume avec l'intention de vous remercier de tout cœur de dire si bravement et si bien ce qu'avec vous et avec bien d'autres, j'aime à le croire, je pense des gens et des choses. Puis je me suis toujours arrêtée sur les premiers mots. Quelle valeur, en effet, pouvait avoir à vos yeux mon suffrage isolé ?

A quoi bon alors, allez-vous me dire aussi, faire à cette heure une démarche dont je me suis abstenue jusqu'à présent ?

Ah ! monsieur, si vous avez bon nombre d'ennemis, un des priviléges des diseurs de vérités de toutes les époques, vous avez aussi, vous le savez bien, nombre d'amis et d'amies qui, souvent, pour vous être complètement inconnus, n'en sont pas moins sincères. Il est donc tout naturel que, suivant les circonstances, ils vous expriment toute la part qu'ils prennent à ce qui vous arrive de bon ou de fâcheux, et les actes inqualifiables dont vous venez d'être la victime ne sont-ils pas pour vos amis une occasion de vous témoigner les sentiments affectueux que vous leur inspirez ?

Certes ! monsieur, on est indigné, mais surpris..... l'êtes-vous vous-même ?

On ne flagelle pas impunément les turpitudes et les infamies que vous poursuivez et démentez sans relâche avec un courage qui vous honore et qu'on admire d'autant plus que, triste à dire, il est bien rare de nos jours.

Un honnête homme peut courber la tête et rentrer en lui-même sous le poids d'un blâme sévère et mérité. Mais les gens dont vous flétrissez les actes honteux ne pardonnent pas à qui met en lumière les mobiles inavouables de leur conduite, et, pour se venger, toutes les armes leur sont bonnes. Ne le saviez-vous donc pas, monsieur ?

Pour moi, en lisant les pages amères, virulentes que vous inspirent parfois les tristes choses auxquelles nous assistons depuis un an, je me suis dit bien souvent qu'il devait s'amasser contre vous bien des haines et qu'il était impossible qu'elles n'éclatent pas tôt ou tard.

Et pourtant je ne puis que vous dire : Courage ! Continuez votre croisade sans merci contre les hontes et les infamies des misérables qui ont fait tant de mal à notre pauvre France et lui en feront tant encore si l'on n'y met ordre une bonne fois.

Vous aurez pour vous, avec vous, tous les gens de cœur, tous ceux pour qui l'amour de la patrie, le dévoûment sincère et désintéressé à ses intérêts, l'honneur, en un mot toutes les grandes et saintes choses, ne sont pas des mots vides de sens.

Encore une fois, merci, monsieur, au nom de tous ceux que vous défendez contre d'ignobles attaques, cruelles, dangereuses, de si bas qu'elles partent. Merci pour le plaisir que je vous dois d'avoir à estimer profondément un fier caractère et un brave cœur, admirablement servis par une plume vaillante et sincère.

Ne vous moquez pas trop fort, n'est-ce pas, de cette amie qui vous tend la main avec un si grand laisser-aller, mais avec une si réelle sympathie, veuillez le croire.

Excusez mon bavardage. Il vous dit moins bien que je ne le pense ce que bien d'autres pensent avec moi.

X.....,

Une de vos lectrices de Perrache.

Au mois de mai 1872, le sieur Andrieux, ex-condamne pour injures à l'Empereur, devenu procureur de la République, à Lyon, au 4 Septembre, le sieur Andrieux m'intenta, devant la Cour d'assises du Rhône, un procès pour diffamation.

Il est de mode aujourd'hui, même dans mon parti, de me reprocher les procès que j'ai eu à subir et de me présenter comme un homme excessif.

Il suffirait pour me justifier de pareille accusation de rappeler ce que sont les gens qui m'ont intenté ces divers procès.

Pour abréger, je n'entrerai pas dans un pareil détail. Mais je tiens à montrer au moins comment était apprécié à Lyon le procès que m'intenta le procureur Andrieux.

Voici la copie textuelle d'une consultation qui me fut remise par les jurisconsultes les plus éminents de Lyon pour l'honorable M. Pinard, dont j'allais solliciter le concours à Paris :

Le procès contre le procureur de la République est une superbe affaire : il permet d'apprécier les hommes du 4 Septembre en province et même à Paris ; il touche aux questions les plus élevées de la magistrature ; il donne la mesure du ministre de la justice actuel, conservant un........ à la tête du parquet de première instance de Lyon.

Ce procès aura un énorme retentissement.

Des raisons de famille privent le défenseur habituel de la *Comédie politique* du *plaisir* et de l'honneur d'attacher son nom à ces étranges débats.

La couleur politique doit être écartée, dans l'intérêt même de l'affaire. La question doit être prise de plus haut, si c'est possible : c'est la protestation des honnêtes gens de tous les partis qui doit se faire entendre.

Ce fut donc M. Pinard, ancien ministre de l'Empereur, qui vint de Paris me prêter le concours de son talent et de sa grande autorité.

L'orthodoxe M. Albert Rogat tient-il M. Pinard pour assez bonapartiste ? — Probablement non. Mais enfin peut-être voudra-t-il bien accorder qu'il l'est au moins un peu. En ce dernier cas, je tiens la plaidoirie *in extenso* de M. Pinard à la disposition de l'honorable rédacteur du *Pays*, et, en attendant qu'il ait pu la lire, je soumets de suite à son appréciation les passages suivants de cette plaidoirie :

Ponet est le fils d'un ancien capitaine. Il s'est engagé, il a été aux chasseurs à pied. Lorsque la guerre a éclaté, il s'est enrôlé comme cavalier dans une légion de marche ; j'ai là l'acte d'engagement.

Il est bachelier ès-sciences ; il a écrit au *Courrier de Lyon* pendant 7 ans. Le *Courrier* est rédigé par un homme assez honorable pour que je lise au jury la lettre, très-élogieuse, qu'il a adressée à mon client :

Mon cher Monsieur Ponet,

Bien que je vous garde une secrète rancune d'avoir quitté le *Courrier de Lyon* pour vous lancer dans les aventures de la presse humouristique et satirique, qui a bien aussi sa raison d'être, je ne puis que vous féliciter du courage et de la persévérance que vous déployez dans votre lutte acharnée contre les communards de Lyon.

Les succès que vous obtenez dans cette guerre contre l'ignorance' la bêtise et la perversité me consolent un peu de la perte d'un spirituel et courageux collaborateur dont je n'ai jamais eu qu'à me louer.

A. JOUVE.

Ponet a fondé la *Comédie politique* au mois de mars 1871 ; il l'a fondée lorsqu'il y avait du péril, avant la Commune du 23 mars, avant l'affaire de la Guillotière.

Sans doute la *Comédie politique* n'a pas les allures graves de certains journaux, non ! mais enfin chacun suit sa voie, et sous cette forme-là il y a souvent beaucoup de sérieux.

« Le ton est bien agressif, » dira-t-on. Mais je ne sache pas que les journaux même les plus graves aient perdu ces habitudes agressives. Lisez Janicot à la *Gazette de France*, Ratisbonne aux *Débats*, Veuillot à l'*Univers*. Ne sont-ils pas personnels, violents même à leurs heures? Et cependant ce sont des journaux qui portent un peu la cravate blanche.

Puis, quand je descends dans la presse humouristique, quand je lis *Paris-Journal*, le *Gaulois*, le *Figaro*, j'y trouve beaucoup de talent, mais aussi beaucoup d'attaques. La *Comédie politique* est un peu leur élève. Est-ce qu'Alphonse Karr n'a pas écrit de dures vérités dans les *Guêpes ?* C'est de tous les temps. Aristophane était aussi très-redouté à Athènes, et il aura toujours des imitateurs.

. . . .

Toute la question est celle-ci : Ponet a-t-il voulu faire une œuvre utile? — Je m'adresse aux jurés indépendamment de toute opinion politique : je les prie d'être jurés, c'est-à-dire d'être justes.—Ils se diront alors : « Ponet n'est pas un homme parfait ; il peut être maladroit dans certaines attaques, trop agressif dans d'autres, mais il a de la verve, de l'esprit, de la résolution. » Il n'est pas venu exploiter une veine de scandale. Quel intérêt y aurait-il ? On a essayé de le jeter au Rhône ! Ah ! ce n'est pas un métier encourageant que celui d'être ainsi sur la brèche. Descendez dans la conscience de cet homme. La preuve qu'il est honnête, c'est qu'il n'a jamais sacrifié au goût du jour, au goût des journaux humouristiques, au goût de ceux qui, pour attirer le lecteur, multiplient les histoires douteuses et les anecdotes légères. La preuve qu'il est honnête homme, ce sont les adhésions qu'il obtient.

(Les *Hommes de Septembre à Lyon*, pages 155 et 156.)

Et plus loin :

Ponet est constamment sur la brèche. S'il est agressif, on ne se fait point faute de le combattre et de l'injurier. Et, quand je veux dresser la liste de ceux qu'il attaque, savez-vous ce que je trouve dans le milieu lyonnais, dans l'histoire de la Révolution lyonnaise? — 53 condamnés poursuivis avant ou après ses attaques.

(Les *Hommes de Septembre*, page 160.)

Plus loin encore :

Regardons en face et avec sang-froid une situation qui domine le client, la partie civile, l'avocat, le jury lui-même. Regardons en face la Révolution : elle était là hier ; aujourd'hui, elle est encore là.

Vis-à-vis de cet ennemi commun, Ponet a montré du courage, et il lui en faut le bénéfice. On l'approuvait quand il a commencé, on l'approuvait quand l'émeute grondait. L'abandonnerait-on quand on croit le péril passé? — Messieurs, le péril n'est pas passé.

Vous le sentez tous : le vrai remède contre la Révolution, c'est de réapprendre en France le respect. On se décompose, on se désagrége, parce qu'on ne respecte plus, parce qu'on ne respecte rien.

Mon client a pu avoir des vivacités regrettables, mais quel est le principe digne de respect qu'il ait attaqué, lui? Quel est-il ?

Il a pris à partie un procureur de la République, c'est vrai, mais précisément parce qu'il le trouvait par son origine, par ses relations, par ses servitudes, comme par ses idées, impuissant pour la fonction, impuissant à l'élever, impuissant à la faire honorer.

En écoutant l'Assemblée nationale s'élever, l'autre jour, contre l'invasion de la magistrature par le népotisme, il a songé à l'invasion par l'insurrection. Il a évoqué les grandes ombres des magistrats qui avaient occupé ce siége, et, attristé, il s'est dit : « Le respect s'en va : le respect du père, le respect du prêtre, le respect du juge aussi. Où va mon pays ? »

Cet homme énergique, Messieurs les jurés, ce conservateur résolu, qui a pu dépasser la mesure, mais qui défend tous les principes d'une société qui veut vivre, cet homme-là, Messieurs, vous ne pouvez ni le condamner ni le flétrir.

(Les *Hommes de Septembre à Lyon*, pages 170 et 171.)

Après des débats qui durèrent quatre jours, je fus, malgré les éloquents efforts de mon illustre défenseur, déclaré coupable par les jurés, braves bourgeois qui agirent, je n'en doute pas, suivant les inspirations de leur conscience, mais qu'en tous cas, je le sais pertinemment, on avait essayé de terroriser avec des lettres anonymes les menaçant du sort des ôtages de la Commune au cas où ils s'aviseraient de m'acquitter.

La Cour, appliquant alors la peine, me condamna à 1,000 francs d'amende et 1,000 francs de dommages-intérêts.

Il est vrai que, deux jours après, l'Assemblée nationale me vengea d'une façon éclatante du verdict du jury de Lyon en imposant au ministre Dufaure la révocation du procureur Andrieux, mon adversaire.

Mon procès avec ce magistrat d'origine révolutionnaire fit grand bruit, surtout dans les salons lyonnais. Les nullités ordinaires du centre gauche, les avocats et les financiers du *Journal de Lyon*, les clients et lecteurs de ce même Schnegans qui, depuis lors, s'est fait Prussien et s'est attelé au char triomphal de M. de Bismarck, les gens chez lesquels la fin justifie toujours les moyens, prirent avec ardeur la défense du procureur à la démission forcée, et mes amis durent souvent rompre des lances pour répondre aux attaques dont j'étais l'objet de la part de MM. les libérâtres lyonnais.

Or, dans un de ces salons, au milieu d'une réunion nombreuse, j'eus l'honneur d'être défendu avec chaleur par un honorable conseiller à la Cour de Lyon d'opinions légitimistes bien connues.

Ce plaidoyer, que j'ai aujourd'hui en ma possession, écrit de la main même de son auteur, sous forme de réplique à un de mes détracteurs, ce plaidoyer est comme une réponse préventive aux injures de M. Albert Rogat.

Je n'aurais donc garde de l'oublier ici.

En voici les passages principaux :

Je vous trouve sévère, monsieur, à l'égard de M. Ponet. Permettez que je le défende.

M. Ponet a d'abord un mérite que vous ne sauriez lui refuser : le courage.

. . . .

Pour celui qui s'attaque au parti démagogique, la dose de

courage nécessaire n'est point la même que pour celui qui s'attaque au parti conservateur. Vous n'ignorez peut-être pas qu'avec le parti démagogique on peut être assassiné. M. Ponet en a déjà fait l'épreuve, qui peut se renouveler. C'est le risque auquel il s'expose, sans compter la perspective d'être mis en pièces s'il tombe aux mains de la démagogie le jour où elle redeviendra souveraine maîtresse.

Au mérite du courage, que vous ne sauriez refuser à M. Ponet, j'en ajoute un autre:

L'autre jour, en le voyant pour la première fois aux assises, je me disais que l'homme à la physionomie énergique, au maintien hardi, au costume négligé que j'avais devant les yeux, s'il eût cédé, comme d'autres, à la voix de l'ambition et de l'intérêt, aurait eu dans la démagogie une voie facile qui pouvait le mener assez loin.

Energique, audacieux, main et cœur fermes, plume alerte et acérée, il avait ce qui plaît aux foules. Enrôlé sous l'étendard de la rue Grôlée, c'eût été une puissance. Dites-moi si, sans témérité, il n'eût pu espérer de l'emporter, je ne dis pas sur les pauvres hères qui trônent au fauteuil municipal, mais sur le pâteux Millaud et sur le pourvu de conseil Ordinaire!

Ce calcul, dont les exemples ne manquent pas, pouvait tenter M. Ponet, et, tout odieux qu'il soit, il eût été plus excusable de la part d'un homme qui n'avait ni fortune ni rang. Il ne l'a point fait, mais, au contraire, hardiment il s'est porté, contre les démagogues, à la défense de la société, votre citadelle, attaquée. Il a combattu pour vous, moins que pour lui, à visage découvert et au premier rang.

Trouvant plus de sagesse a caresser la Révolution qu'à la braver, vous lui reprochez les violences et les personnalités de sa polémique. — Il pourrait vous faire la réponse qu'opposait à de semblables objections un célèbre écrivain:

« — Il s'agit bien de goût et de style!... Je ne fais pas de style: je combats. Je suis le paysan qui, en présence de l'invasion, saisit une faulx, une fourche, un fouet, ce qu'il trouve, et qui, monté sur son cheval de labour, sans tactique, sans uniforme, marche où le dirigent les lueurs de l'incendie et les hourras des assaillants. »

Véritablement, messieurs, je ne vous trouve pas seulement injustes envers M. Ponet: je vous trouve ingrats!

Apparemment la situation où vous êtes ne vous laisse rien à désirer. Vous trouvez bon, sans doute, pour cette noble ville de Lyon d'avoir une représentation où rien n'est représenté de ce qui fait sa grandeur, sa richesse et sa vie: ni la religion, ni la justice, ni les arts, ni les mœurs, ni les lettres, ni l'industrie, ni le commerce, ni même la boutique, rien, si ce n'est l'ignorance et les passions d'une multitude abêtie.

Quoi! depuis près de deux ans vous subissez un joug dont Gambetta lui-même a dit qu'il vous rendait l'opprobre de la

France et la risée de l'Europe !... Une poignée d'hommes sans talent, sans intelligence, sans jugement, sans consistance sociale, occupent parmi vous tous les emplois électifs; ils gâchent vos finances, oppriment vos consciences, bannissent votre Dieu de vos écoles, ferment vos rues aux pompes purifiantes de votre culte pour les livrer à l'abomination de leurs enterrements et de leurs fêtes athées ! Ces hommes ne sont que les plats valets d'un comité composé lui-même d'autres hommes qui se placent encore au-dessous dans l'ordre de l'intelligence et de la moralité, et tous ensemble n'ont de force que par leur impudence et leur insolence, dont vous avez peur !

Un homme, cependant, se rencontre que cette insolence n'effraie pas, qui va droit à ces piètres figures de despotes, qui les déshabille et, les exposant dans une nudité vengeresse, montre aux uns qui ils suivent, aux autres devant qui ils tremblent !... Et cet homme est celui que vous attaquez !...

Moi, messieurs, je ne laisse pas d'être touché du courage et de la résolution du hardi partisan que je vois combattre pour vous et pour moi. Je dis qu'il ne s'en prend, après tout, à rien qu'il faille respecter et que, portant par ses vives attaques le trouble dans les rangs de nos ennemis, il ranime en même temps le courage de nos soldats.

M. Ponet affiche, il est vrai, sans déguisements, des opinions bonapartistes, et de tous les reproches que je lui ferais celui-ci est, à mon sens, le plus grave, car vous savez ce que je pense du césarisme napoléonien. Que vous dirai-je, néanmoins ? M. Ponet, qui n'a pas, que je sache, reçu grand'-chose de l'Empereur, élève pour lui la voix dans la ruine. Or je trouve plus de noblesse, je vous l'avoue, à défendre un homme à terre qu'à le piétiner. Et puis, s'il faut tout vous dire, je suis assez de l'avis de Saint-Genest dans la vive objurgation qu'il adressait naguère aux gens d'ordre à propos de leurs divisions. L'ennemi pour moi, c'est l'anti-christianisme révolutionnaire. Quiconque se lève pour le combattre, je l'accepte pour allié.

En 1873, je songeai à créer le *Lyon-Journal*, journal quotidien à 5 centimes, et à constituer pour cela une société par actions de 500 francs.

Rien que dans l'espace de deux mois et sans autre moyen d'action que mes démarches personnelles, je parvins à faire remplir un nombre de bulletins de souscription représentant une somme de 80,000 francs environ.

En même temps, grâce à la bienveillante amitié dont

m'honorait le préfet, M. Ducros, j'obtins du ministère de l'intérieur la seule autorisation de fonder un journal qui ait été accordée, à Lyon, sous le régime de l'état de siége.

Mon projet allait donc aboutir, et *Lyon-Journal* était à la veille de paraître lorsqu'éclata la conspiration orléano-républicaine qui avait pour but de faire proclamer roi de France le comte de Chambord et dauphin le comte de Paris.

Cet événement jeta le désarroi parmi mes souscripteurs. Ceux qui avaient le plus d'autorité, et par leur nom, et par leur position, et par l'importance de leur souscription, eurent peur de se créer une situation fausse vis-à-vis du régime annoncé comme prochain et, voulant réserver l'avenir, refusèrent de faire partie du conseil d'administration.

En présence de toutes ces hésitations, je pris un parti décisif : je laissai là mes souscripteurs, je m'entendis avec un capitaliste qui consentit à être mon associé bailleur de fonds, et *Lyon-Journal* lança son premier numéro le 22 novembre 1873.

Cette feuille rencontra tout d'abord les plus vives adhésions, et ces adhésions — je puis le dire sans présomption aucune, parce que c'est la vérité — s'adressaient beaucoup moins au côté utile de l'œuvre qu'à ma personne même, qu'à celui que l'on considérait comme ayant été, à Lyon, dans des moments difficiles, le champion de l'Empire, le défenseur de la famille impériale insultée et vilipendée.

On peut en juger par quelques échantillons des lettres que je reçus à ce propos.

Le premier président de la Cour d'appel de ..... m'écrivait :

« Votre œuvre mérite de réussir, tant à cause de son « but qu'à cause des sympathies que doit rencontrer « le courage dont vous faites preuve dans la vie publi- « que. »

« Vos preuves, » m'écrivait un ancien sénateur de

l'Empire en m'envoyant son abonnement, « vos preuves « sont faites depuis longtemps, au double point de « vue de l'aptitude spéciale et des sacrifices de toute « nature. »

Puis je recevais des lettres comme les suivantes :

Q....., 15 janvier 1874.

Je connais assez M. Ponet, le lutteur de la *Comédie politique*. l'effroi des malhonnêtes gens, pour être assuré du bon esprit et de l'excellente direction de *Lyon-Journal*.

Ch.....,
Instituteur.

Château de T....(Isère), le 25 novembre 1873.

Monsieur,

Je m'abonne à *Lyon-Journal* à partir d'aujourd'hui.

Je suis votre ancien abonné a la *Comédie politique*, et à ce titre je me permets de vous engager à assaisonner votre nouvelle feuille du même sel que votre *Comédie politique*. Le Français adore la malice, et personne n'ignore que Molière a vingt fois plus de lecteurs que n'en ont Bossuet et Montesquieu.

Ainsi donc, Monsieur Ponet, salez vos articles. Je serai toujours votre lecteur assidu, car, pour ne vous rien cacher, je vous dirai que mes dix-sept lustres ont besoin de vous et de vos charmantes malices pour se faire supporter.

H. F......

X.... (Savoie), le 5 décembre 1873.

Monsieur,

Vous voilà donc rentré en lice. Tant mieux ! L'ordre a besoin de tous ses enfants, et ce n'est pas en ce moment qu'un vigoureux champion comme vous pouvait lui faire défaut. Je vous aime mieux sur le terrain où vous vous êtes placé que sur celui de la *Comédie politique*....sous le rapport de votre sécurité personnelle. Mais, si nous avons aujourd'hui un semblant d'ordre, vous pouvez revendiquer largement votre part du travail qui s'est fait. Battant et frappant, abattu mais non vaincu, vous avez donné un coup de balai meurtrier à ces immondices qui souillaient l'Hôtel-de-Ville de Lyon. Grâces vous en soient rendues!

N....

Prote à l'imprimerie....

Lyon, le 17 décembre 1873.

J'ai conservé un religieux souvenir de la façon courageuse avec laquelle vous avez stigmatisé les méfaits et les empiètements de certains hommes du 4 Septembre. Aussi ai-je salué avec enthousiasme l'apparition de votre nouveau journal *Lyon-Journal*, dont je suis le fervent lecteur. . . . . . .
. . . .

A. B....,

Ancien maire au arrondissement,
du 3 décembre 1852 au 4 septembre 1870.

T..... (Ain), 18 janvier 1874.

Monsieur,

J'ai été heureux de retrouver dans votre journal le caractère qui avait fait de la *Comédie politique* le plus audacieux comme le plus malheureux champion de l'ordre contre la démagogie.

L'ordre, la justice et la religion sont trois sœurs inséparables, et défendre l'une, c'est plaire aux deux autres. Vous méritez donc, à ce titre, toutes mes sympathies, qui grandissent jusqu'à l'admiration quand je songe à tout ce que vous avez souffert et aux dangers que vous avez courus.

Je fais des vœux pour le succès de votre feuille, quoique fortement empreinte de bonapartisme.

Les Bonaparte ont fait à l'Église et à la France beaucoup de mal, sous des influences qui exploitaient leur générosité et leur confiance. Je suis convaincu que leur famille voulait à notre chère patrie et à notre chère Église le plus grand bien : les circonstances et les hommes les ont trahis, et maintenant on les rend responsables, non-seulement de leurs fautes, mais encore de tout le mal qu'ils n'ont point empêché et de tout le bien qu'ils n'ont pas fait.

C.....
Curé.

Genève, 24 janvier 1874.

Monsieur,

Je lis tous les jours votre petit journal avec le plus grand plaisir, non-seulement parce qu'il est pour moi l'écho du pays aimé, mais aussi parce que j'ai gardé les meilleurs souvenirs de son propriétaire, qui m'est connu depuis fort longtemps.

J'ai lu votre rédaction dans le *Courrier de Lyon*, j'ai admiré votre énergie dans la *Comédie politique*, alors qu'en présence de la palinodie de nos communards, seul vous aviez le courage de dénoncer au public le ridicule et l'ignominie de leur administration.

X....
Une de vos lectrices.

C..... (Hérault), 10 février 1874.

Je suis heureux, ce jour, de vous donner un témoignage bien sincère de ma vive sympathie en reconnaissance du bien constant que vous ne cessez de faire à la cause que nous professons.

I.....,
Receveur des contributions.

Y..... (Haute-Loire), 12 mars 1874.

Veuillez m'inscrire pour un abonnement de six mois. Je ne

puis ni ne veux abandonner le courageux rédacteur de la *Comédie politique.*

E. de Ch.

Paris, 25 mars 1874.

J'ai trop bon souvenir de la *Comédie politique* pour ne pas vous envoyer un acquiescement complet.

Je trouve bonne la ligne de votre journal, et plus elle tendra vers l'Empire absolu, et non celui du citoyen Ollivier, mieux cela vaudra. Si l'Empire doit revenir libéral, ce ne sera, malheureusement, pas pour longtemps.

G. de F.....

S..... (Saône-et-Loire), 26 mars 1874.

Je connais depuis longtemps vos désirs, monsieur, qui sont aussi les miens : comme vous, je regrette infiniment le règne qui nous a donné la gloire, la grandeur, la prospérité et, surtout, la tranquillité pendant plus de vingt ans.....

Vous qui êtes jeune, monsieur, vous verrez le Prince Impérial, un jour, sur le trône ; mais, moi, je suis trop vieux pour jouir d'un pareil bonheur : lorsque l'on a, comme moi, soixante-douze ans passés, on ne peut plus compter sur l'avenir.

A mon premier voyage à Lyon j'aurai l'honneur de vous faire une visite.

F.....

Je clôrai ces citations relatives à *Lyon-Journal* en empruntant un passage à une lettre qui me fut écrite par un homme qui était devenu ministre sous le gouvernement du maréchal de Mac-Mahon, au lendemain du 24 mai, et qui n'appartenait pas à la fraction bonapartiste de l'Assemblée.

Voici ce passage :

J'ai su, monsieur, qu'en un temps où il y avait péril à le faire vous avez montré un réel courage en face des bandits variés qui avaient fait irruption de tous les sous-sols de la France, et particulièrement de Lyon.

Continuez à les combattre et à les démasquer. Tâchez d'en dégoûter le pays affolé. Vous ferez œuvre utile, digne d'un homme de cœur et d'un bon citoyen.

B...

Voilà bien des lettres, bien des certificats.

M. Albert Rogat, que je tiens avant tout pour un homme d'esprit, malgré les injures qu'il a cru devoir m'adresser avec si peu d'à-propos, M. Albert Rogat ne manquera pas de dire que cela ressemble furieusement aux réclames que le pharmacien Du Barry fait insérer dans les journaux sur sa « douce Revalescière. »

Et pourtant, attaqué par M. Albert Rogat, mis par lui au ban du parti impérialiste, traité, quant au degré de constance de mes opinions, comme eût mérité de l'être un certain M. Covielle, qui brûle aujourd'hui de l'encens aux pieds de la famille impériale après l'avoir, plusieurs années durant, fort maltraitée dans le journal le *Nord*, attaqué ainsi, je suis bien obligé de me défendre.

Et contre l'accusation d'être un « échappé du parti républicain, » quelle défense pourrais-je présenter qui fût meilleure que le témoignage des gens qui m'ont vu à l'œuvre.

Dussé-je encourir les railleries de M. Albert Rogat, je persiste donc dans le système de défense que j'ai suivi jusqu'à présent.

Je viens de publier mes états de service comme impérialiste contresignés par des noms appartenant à tous les partis et à toutes les classes de la société : soldats, prêtres, noblesse, bourgeoisie, ouvriers, fonctionnaires, magistrats.

Ce n'est pas assez. M. Albert Rogat, qui n'a pas, commo M. Covielle, du *Nord*, varié dans ses opinions, a le droit de se montrer extrêmement difficile en ce qui concerne les états de service d'autrui. Je vais donc lui montrer que mes états de service impérialistes ont été contresignés aussi par des notabilités bonapartistes, dont quelques-unes des plus en vue, c'est-à-dire par des gens qui se connaissent en dévouement et en fidélité à l'Empire.

En mars 1872, M. Janvier de la Motte, aujourd'hui député, en butte à la haine d'un des ministres de M. Thiers, passa devant la Cour d'assises de la Seine-Inférieure, dans des circonstances que l'on connaît, et fut acquitté.

La *Comédie politique* (numéro du 10 mars) publia sur ce procès un article qui ne parut, probablement, pas à tout le monde être l'œuvre d'un « échappé du parti républicain, » puisque, quelques jours après, je reçus la lettre suivante :

23 mars 1872.

Monsieur,

Un de nos amis, le comte d'Espagny, a eu l'aimable pensée de m'envoyer quelques exemplaires du numéro de la *Comédie politique* dans lequel il était question de l'inique procès intenté à mon frère, M. Janvier de la Motte.

Je n'ai pas à vous remercier d'appréciations dictées par votre honnêteté politique et votre courageuse indépendance ; mais vous me permettrez bien d'applaudir des deux mains à l'esprit si brillant qui en double la portée.

Quand on a lu la *Comédie politique*, on veut la relire, et, pour me donner ce plaisir chaque semaine, je vous serais obligée de faire inscrire à mon nom un abonnement d'un an.

Vicomtesse Lepic.

Château de Rabodanges, par Putanges (Orne).

Puis quelques lettres qui se passent de tous commentaires :

Mai 1872.

Monsieur,

Je vous félicite de l'issue de votre procès et surtout de ses conséquences, car, après la démonstration que vous avez provoquée, il est impossible que M. Andrieux reste debout.

FERNAND GIRAUDEAU.

Juillet 1872.

Je vous remercie de m'avoir envoyé le compte-rendu de votre procès. Je l'ai lu d'un bout à l'autre sans désemparer. Il est extrêmement intéressant et plein de révélations. Je regarde comme très-désirable qu'il reçoive une large publicité.

FERNAND GIRAUDEAU.

Paris, 4 août 1872.

Mon cher confrère,

Vous faites une belle campagne à Lyon, c'est-à-dire en pays ennemi. Vous y mettez du talent, du cœur et de la vaillance. Je voudrais vous dire cela de vive voix.

Je vous serre la main bien cordialement.

LÉONCE DUPONT.

Saintes, 16 avril 1874.

Monsieur et cher confrère,

M'occupant de réunir en un volume les portraits des écrivains et hommes d'Etat les plus distingués de notre parti, je recevrai avec reconnaissance les détails que vous voudrez bien m'adresser sur votre carrière dans la presse et les services que vous avez rendus à la cause impérialiste.

Espérant que vous ne refuserez pas d'accéder à ma demande.....

MAURICE DELCER,
Rédacteur en chef du *Progrès de la Charente-Inférieure*.

18 octobre 1872.

Depuis quelque temps déjà, je vous connaissais de réputation, monsieur, et, quoique ne pouvant suivre qu'à des intervalles éloignés vos faits et gestes, mes sympathies les plus chaleureuses vous étaient acquises.

J'applaudissais vivement à votre fermeté et au courage que vous ne cessez de déployer.

Mon vieil ami M. Levert, député du Pas-de-Calais, vient de m'adresser, de Paris, les deux derniers numéros de votre excellent journal. Je m'empresse de vous demander un abonnement.

LÉON PANOT,
Ex-capitaine d'infanterie légère, ancien sous-préfet de Boulogne-sur-Mer.

Rosel (Calvados), 25 juin 1872.

Monsieur,

Vous avez entrepris une lutte difficile et courageuse. Tous les honnêtes gens doivent être avec vous contre les hommes du 4 Septembre..... et autres.

Espérons des jours meilleurs. Mes vœux et mes sympathies sont avec vous et pour la cause que vous soutenez avec tant de talent et de vigueur.

DES CLOSIÈRES,
Ancien préfet.

Paris, 28 septembre 1872.

Cher monsieur,

Quand j'irai en Angleterre, je remettrai en votre nom un exemplaire de votre brochure au Prince Impérial.

Ne craignez rien : on ne laissera rien ignorer de vos courageux efforts.

Je vous serre cordialement la main.

E. PINARD.

Rouen, 31 octobre 1872.

Monsieur,

Permettez-moi de vous exprimer toute la sympathie avec laquelle les honnêtes gens suivent votre courageuse polémique contre les hommes de désordre laissés impunis jusqu'à ce jour.

RAOUL DUVAL,
Député à l'Assemblée nationale.

Versailles, 18 avril 1871.

Monsieur,

J'ai lu avec un très-vif intérêt plusieurs numéros de la *Comédie politique*. Il est si rare, par le temps qui court, de trouver un peu d'impartialité, de justice et de sang-froid dans la presse que je dois vous féliciter de votre courage et de votre indépendance.

En attendant plus de lumière pour l'histoire, je vous remercie du généreux sentiment qui vous anime et des efforts que vous faites pour rétablir la vérité.

CONTI,
Député à l'Assemblée nationale.

Cette lettre est, comme on vient de le voir, du mois d'avril 1871. La *Comédie politique* paraissait depuis le 12 mars précédent, c'est-à-dire que M. Conti, ancien chef du cabinet de l'Empereur Napoléon III, crut devoir, dès les premiers numéros de mon journal, me féliciter et me remercier de prendre la défense de l'Empire.

On était alors en pleine Commune.

Que faisait pendant ce temps M. Albert Rogat, qui

trouve que je n'étais pas sincère quand je défendais l'Empire ?

Le défendait-il, lui, au moins, à ce moment-là ?

Certains prétendent le contraire.

Et le *Pays* défendait-il l'Empire avec cette sincérité qui me manquait, suivant M. Rogat ?

Autant qu'il m'en souvienne, il ne le défendait ni avec sincérité ni autrement : il ne le défendait pas du tout.

C'était, au contraire, le moment où M. Paul de Cassagnac lui-même, en proie à un de ces découragements qui terrassent quelquefois les plus forts, écrivait des choses comme celles-ci :

« En fait de capitulation, Sedan me suffit.

« La France n'a besoin ni d'une femme, ni d'un enfant, ni d'un vieillard. »

Ce qui, vraiment ! était peu respectueux pour la famille impériale.

Ce qui, dans tous les cas, eût dû inspirer au *Pays* un peu plus d'indulgence pour une expression malheureuse dont je m'étais servi dans une heure de découragement, moi aussi.

Mais passons !

Je vais montrer à M. Albert Rogat d'autres certificats encore à moi délivrés pour les services que j'ai rendus à l'Empire, et cette fois j'emprunterai mes citations à la collection des appréciations mêmes faites par les collaborateurs de M. Albert Rogat.

M. Henri de Fonbrune m'écrivait le 20 juillet 1872 :

Je vous prie d'agréer, monsieur et cher confrère, tous mes compliments pour la façon dont vous triturez la pâte grôléenne.

Un mois auparavant, à propos de l'issue de mon procès avec le procureur Andrieux, M. Paul de Cassagnac m'envoyait sa carte de visite avec cette annotation de sa main :

Compliments sincères, mon brave et vaillant confrère.

En octobre 1873, le *Pays*, annonçant la prochaine apparition de *Lyon-Journal*, consacrait à ma personne l'entrefilet suivant :

Le directeur de *Lyon-Journal* est M. Ponet, un de nos amis politiques les plus spirituels et les plus sympathiques.

M. Ponet a été fort longtemps rédacteur en chef de la *Comédie politique*, de Lyon, qui eut un si grand et si légitime succès.

Si je possédais la collection du *Pays*, je n'aurais que l'embarras du choix parmi les nombreux articles qui furent consacrés à chanter mes louanges dans ce journal, même avant 1870. En cherchant bien, je trouverais peut-être un certain nombre d'articles de ce genre écrits et signés de M. Albert Rogat lui-même.

Mais je n'ai pas la collection du *Pays*. Je dois donc me borner à rechercher dans les quelques numéros qui sont restés par hasard dans mes archives.

En tous cas, voici qui n'est déjà pas trop mal :

PAYS *du 24 juin 1872.*

Nos lecteurs ne sont pas sans avoir entendu parler d'un petit journal hebdomadaire qui parait à Lyon sous le titre de la *Comédie politique*. Ce brave journal, dirigé par M. Ponet, homme de talent et de cœur, trouble, à ce qu'il paraît, les nuits de la démagogie canute et grôléenne. Jamais, en effet, coups de plume ne sont tombés aussi drus sur épaules humaines depuis que M. Ponet a entrepris de caresser les vilaines échines de ses adversaires. Pour venir à bout de tels coquins, avant d'avoir complètement corrigé de tels sacripants, notre confrère aura fort à faire, sans doute ; mais nous connaissons sa vaillance et sa tenacité, et nous espérons que, semblable à Hercule, il parviendra à terrasser cette nouvelle hydre de Lerne dont la malheureuse cité lyonnaise est infestée.

Déjà M. Ponet a fait rentrer sous terre le doux, le gracieux, l'aimable, le charmant, le délirant Andrieux. Son hermine de magistrat va devenir pour quelque temps, grâce à notre confrère, la proie des mites. Déjà aussi cet excellent Braconnier..... a été rendu à la vie privée. M. Ponet allait, grâce à Dieu ! assez vite en besogne. Malheureusement, cela ne faisait pas l'affaire de la radicaille, qui n'en pouvait mais. Aussi elle imagina de se débarrasser de lui par un bon petit guet-apens.

Ici un récit qui occupe toute une colonne du *Pays*, mais que je vais analyser en quelques lignes :

Grossièrement insulté par un sieur Ravel, dans les colonnes du *Radical de la Loire*, j'avais fait demander à ce journaliste ou une rétractation ou une réparation par les armes.

Ravel et ses témoins choisirent le combat à l'épée.

Nous nous rendîmes, le lendemain, à six heures et demie du matin, dans les environs de Saint-Etienne, en un lieu désigné sous le nom de l'Etivalière, et je ne comptais, pour ma part, qu'à y jouer un rôle l'épée à la main dans un combat loyal. Au lieu de cela, nous faillîmes, mes témoins et moi, y être assassinés par une quarantaine de démagogues armés de gourdins qui avaient été postés pour cela dans le bois par nos adversaires. Si nous nous en tirâmes sans avarie, ce fut grâce à cette circonstance singulière : le médecin, M. le docteur R..., avait apporté, pour le cas de soins à donner à un blessé, une boîte de cordiaux, et cette boîte, contenant des flacons d'eau de mélisse, prit, aux yeux des chevaliers du gourdin, l'aspect effrayant d'une boîte de pistolets à longue portée, ce qui inspira à ces bandits une salutaire terreur et les tint à distance, quelque nombreux qu'ils fussent.

Après avoir raconté longuement cet incident, le *Pays* conclut :

Ainsi, c'est à de simples bandits qu'a eu affaire notre vaillant confrère, M. Ponet, croyant trouver devant lui un homme de cœur, quoique républicain.

Heureusement, la lâcheté de ces scélérats, n'osant s'attaquer, quoique en nombre, à un honnête homme, a sauvé notre confrère. Dès lors, ce n'est plus dans une rencontre à l'épée qu'il doit infliger à ces bandits la correction qui leur est due. C'est à la justice du pays qu'il doit les déferer.

Paul de Léoni.

Et veut-on savoir comment, suivant l'expression de M. Albert Rogat, je suis ou j'ai été « un journaliste dont la plume est à vendre. »

La *Comédie politique* en était à peine à son sixième ou septième numéro que je reçus la lettre suivante :

Monsieur,

Je vous prie de prendre la peine de passer près de moi dans la journée et, dans tous les cas, avant 4 heures, pour une communication que j'ai été chargé de vous faire.

Dites, s'il vous plait, au porteur, l'heure à laquelle je devrai vous attendre.

Votre bien dévoué,

B.....

11 mai 1871.

M. B...., un des actionnaires les plus importants du *Courrier de Lyon*, était, comme tel, depuis longtemps en relations avec moi. C'était, dans le fond, un impérialiste sincère ; même il avait été décoré de la main de l'Empereur. Mais les calomnies à l'aide desquelles les adversaires de l'Empire exploitaient les malheurs de la dernière guerre avaient quelque peu, à cette époque, ébranlé ses convictions et sa reconnaissance.

Je me rendis à l'invitation de M. B....

Voici ce dont il s'agissait :

Un groupe de légitimistes, à la tête duquel se trouvait M. de F..., un des représentants de la vieille noblesse lyonnaise, l'avait, le sachant en relations avec moi, chargé de me proposer une subvention qu'il avait pouvoir de pousser, au besoin, jusqu'à 2,000 francs par mois, si je voulais faire de la *Comédie politique* un journal complètement à la dévotion du comte de Chambord.

La proposition était brillante. Elle n'eût pu tenter un incorruptible comme M. Albert Rogat, mais elle était bien de nature à faire une grande impression sur un journaliste *dont la plume eût été à vendre*. Il paraît qu'à ce moment la mienne n'était pas à vendre, car je refusai net les propositions qui m'étaient faites, et M. B... eut à remettre dans son secrétaire les 100 louis, représentant le premier mois de subvention, qu'il avait étalés devant mes yeux au courant de la conversation, afin sans doute, suivant les instructions qu'il avait reçues, de me séduire plus facilement par l'appât miroitant des espèces.

L'excellent homme, d'ailleurs, ne me garda pas rancune de son échec. Je crois même pouvoir affirmer qu'il m'en estima davantage.

Mais il n'en fut pas de même du parti légitimiste : il se montra froissé de mon refus, et à partir de ce moment je reçus de nombreuses lettres me reprochant, avec bienveillance toutefois et même un peu paternellement, ma fidélité à l'Empire et mon peu de ferveur pour la cause du Roy.

Je publierai ici des fragments de celles de ces lettres dont les auteurs me sont connus.

En voici quelques-uns :

Monsieur,

Je vous envoie un acrostiche sur ces mots : PONET ADOLPHE. Je vous prie de ne pas le prendre en mauvaise part. Il est d'un de vos abonnés qui vous admire avec votre courage, mais qui est froissé, comme beaucoup de vos amis, de *votre opiniâtreté* (1) à soutenir l'Empire et regrette que votre talent et votre ardeur ne soient pas employés à la bonne cause.

Au verso de cette lettre se trouvait l'acrostiche que voici et qui est fait dans le même ordre d'idées :

P lébiscite est le mot donné comme mot d'ordre.
O serait-on jouer au vote universel ?
N 'est-il pas faux, trompeur, le prétexte au désordre ?
E n soutenant l'Empire, oh ! sûr, tu perds ton sel,
T rahis la monarchie et la cause de l'ordre !

A u début, l'on comptait sur toi, sur ton journal,
D évoilant hardiment le mensonge et les masques.
O n croyait que le bien triompherait du mal.
L 'Empire ne vaut mieux que ceux que tu démasques.
P ourquoi tous nos malheurs ?... Dis donc la vérité,
H omme ardent ! Dis qu'Henri rappelé sans bourrasque
E st pour tous : ordre, paix, bonheur et liberté !

---

(1) Ce correspondant était un des membres du groupe de F..... et connaissait l'échec des propositions à moi faites par M. B...

Lyon, le 25 octobre 1871.

Monsieur,

La *Comédie politique*, dont vous êtes le rédacteur en chef, a depuis son apparition stigmatisé comme ils le méritaient tous les hommes du 4 Septembre et, en particulier, ceux de la ville de Lyon. On doit vous être très-reconnaissant pour le courage que vous avez montré en ne craignant pas de qualifier tous les actes des hommes qui ont été ou sont encore au pouvoir. Jusque-là, tous les hommes d'ordre vous en estiment et vous en remercient bien sincèrement.

Malheureusement, votre journal, tout en continuant à suivre le but de sa fondation, semble prendre à tâche, sinon de justifier, du moins de pallier les fautes innombrables du gouvernement déchu. Prenez-y garde, tout le bien que vous avez fait et l'estime qu'ont pour vous les honnêtes gens seront bien vite perdus si vous persistez dans cette voie.

Lorsque le pays voudra un gouvernement monarchique, il n'a pas besoin d'avoir recours à un fait révolutionnaire et à un homme d'échauffourée: il en a un tout prêt, un vrai roi, un des descendants de ceux qui ont fait sa grandeur.

De grâce, je vous en supplie au nom de notre chère France, non-seulement ne travaillez pas en faveur du souverain déchu, mais encore combattez l'idée de son retour en le laissant dans l'oubli le plus profond et en n'en parlant jamais dans votre journal.

Mon cher monsieur Ponet,

C'est au nom d'une société de 10 ou 12 personnes dont tous les membres achetaient, toutes les semaines, la *Comédie politique*, que j'ai le regret de vous annoncer qu'ils renoncent au plaisir de lire vos spirituelles critiques, vu la couleur bonapartiste que vous avez cru devoir adopter. Nous doutons fort que vos apologies de l'homme de Sedan réussissent à Lyon. Nous ne sommes pas républicains et encore moins bonapartistes. Nous avons horreur d'une famille qui, trois fois, nous a amené les étrangers.

C'est donc à regret que nous renonçons à nos abonnements, mais franchement nous ne pouvons soutenir une feuille qui professe pareille doctrine.

Lyon, 31 octobre 1871.

Lyon, le 12 février 1872.

Monsieur,

Votre journal aurait dix fois plus de lecteurs si vous n'affichiez pas autant votre opinion bonapartiste. Je ne vous le cache pas, je suis pour Henri V, et je gémis depuis longtemps de vous voir encenser celui que l'on flétrit du nom de lâche. Qu'il le soit ou ne le soit pas, il nous est impossible, à vous aussi bien qu'à moi, de tirer la chose au clair. L'histoire impartiale aura de la peine, plus tard, à raconter nos désastres ! Et puis, en bonne vérité, de coup d'Etat en coup d'Etat où nous aurait-il menés, et, s'il revenait, où nous mènerait-il?

A....

P.-S. — Encore un mot : un de vos abonnés disait, l'autre jour, que votre journal serait parfait s'il n'était pas bonapartiste et que vous feriez dix fois plus de bien sans ce point noir à l'horizon.

Pardonnez-moi, monsieur, d'avoir osé vous dire tout ce que je pensais et entendais dire de vous et de votre journal.

Lyon, 20 août 1872.

Monsieur le Directeur,

Lecteur assidu de votre estimable journal, je vous envoie sous ce pli les observations d'un groupe d'honnêtes gens qui s'intéressent vivement au sort de la *Comédie politique*.

Il fut un temps où votre feuille était tout ce que le parti de l'ordre pouvait désirer. Malheureusement, aujourd'hui, votre valeur a beaucoup moins de prix aux yeux de vos lecteurs.

Vous aviez une règle de conduite louable à tous égards : seul parmi les journalistes lyonnais, vous vous étiez fait le champion des amis de l'ordre contre cette masse de quatre-septembrisards, avocats sans cause et autres, qui ont escaladé les places honorables de notre cité à cette époque funeste de notre histoire.

Aujourd'hui, monsieur, vous vous plaisez surtout à louer l'homme dont le nom est odieux à tout Français. Vous ne devriez pas ignorer à qui nous devons tous nos désastres. Dire que Napoléon nous a trahis serait inepte. Napoléon a fait ce qu'il a cru propre au salut de son pays. Mais tout Français peut lui reprocher sa politique indigne d'un bon tacticien. . . . .

C'est avec cette politique que *votre idole* perdit la France. .

. . . .

Voilà, monsieur, les observations que je suis chargé de vous transmettre, et je compte sur votre intelligence éclairée pour en prendre bonne note. D'ailleurs, vous avez encore bien à dire sur tous les communo-groléards. Nous vous remercions d'avoir débarrassé le parquet du célèbre Andrieux, mais votre œuvre n'est pas terminée.

Courage donc, Monsieur, et *croyez au salut* de la *Comédie politique* si vous redevenez le champion des honnêtes gens.

Agréez, monsieur, les sentiments de haute considération du groupe d'amis de l'ordre dont je suis le président.

Et, quand la *Comédie politique*, vis-à-vis de laquelle, comme on le verra plus loin, certains bonapartistes n'avaient pas tenu les engagements pris, quand la *Comédie politique*, dis-je, dut disparaître, ce furent encore les légitimistes qui, les premiers, oubliant que j'avais refusé de les servir, m'adressèrent leurs compliments de condoléance et m'offrirent de me rendre mon journal.

Voici, entre dix autres, une des lettres que je reçus à cette occasion :

B....., 5 janvier 1873.

Mon cher Ponet,

Des absences et d'autres affaires m'ont empêché jusqu'ici de vous envoyer un souvenir amical au moment de vos derniers échecs, échecs qui ne peuvent qu'attrister les honnêtes gens, puisque vous défendiez leur cause.

Mais, au point de folie où en est arrivée la tête française, même celles qui devraient être les plus avisées, il faut s'attendre au cataclysme final. Les hommes d'ordre se réfugient dans la couardise, y espérant leur salut et leur absolution, et ils ne sentent pas que les passions populaires ne connaissent, en certains moments, que le droit de la victoire et que les moutons qui tendent le col sont égorgés tout aussi bien que les lions enchaînés.

. . . .

Je vous serre la main de grand cœur, quoique vos opinions ne soient pas les miennes, mais parce que vous avez l'épée haute en face de l'injure et que chez vous l'épée répond de la plume.

. . . .

Si je puis vous aider dans la résurrection de la *Comédie politique*, ce sera joie vraie pour moi. Toutefois, je voudrais la voir plus animée des brises de Frohsdorff que des orages de Chislehurst.

En tous cas, comptez sur mon amitié.

Comte de .....

Je n'acceptai ni cette offre ni celles qui me furent adressées plus directement encore de reconstituer la *Comédie politique* et d'en faire un journal royaliste.

Je brisai ma plume, qui était mon gagne-pain et celui de ma famille, et je me condamnai au silence plutôt que de servir un autre parti que celui de l'Empire.

Et pourtant, s'il est des cas où un journaliste puisse être excusable de déserter une cause, j'étais incontestablement dans un de ces cas-là, car cela se passait précisément au moment où le Comité de Paris, ainsi qu'on le verra plus loin, feignant d'ignorer un dévouement qui ne s'était pas démenti pendant dix années, fermant les yeux sur les dangers auxquels je m'exposais depuis deux ans, oubliant enfin et des engagements pris et les plus vulgaires sentiments de justice et d'équité, m'abandonnait aux griffes des radicaux et à toute la rage dont ces gens-là sont capables.

Et maintenant n'ai-je pas servi le parti impérialiste ?

Ai-je abandonne l'Empire pour aller servir un autre gouvernement, comme l'ont fait beaucoup de ceux qui affectent aujourd'hui, peut-être en vertu d'un mot d'ordre donné, de me regarder du haut de leur fidélité et de leur constance?

Ai-je été renégat, comme le brillant journaliste et député de l'appel au peuple qu'on choie et qu'on prône aujourd'hui à juste titre, et qui, pourtant, en 1871, demandait à l'Assemblée nationale de proclamer la République et en 1873 de proclamer roi le comte de Chambord, après avoir, en 1870, qualifié l'Empire « *un système qui a ruiné la France?* »

Suis-je allé ailleurs, comme le brillant journaliste et député de l'appel au peuple aujourd'hui l'ami de M. Paul de Cassagnac et dont ce dernier, cependant, quelques jours avant les élections de février 1876, disait qu'il *n'avait jamais fait que tourner?*

Ou, au contraire, ai-je été constamment dévoué et fidèle au parti impérialiste, même au temps où les plus fidèles et les plus dévoués, désillusionnés ou découragés, le reniaient ou n'osaient le défendre ?

Je laisse le soin de résoudre ces questions au lecteur qui aura eu la patience de parcourir les explications et les pièces qui précèdent.

MES RELATIONS AVEC LE COMITÉ

Je crois avoir répondu à la première accusation de M. Albert Rogat, celle d'être un « *échappé du parti républicain.* »

Je vais, dès à présent, répondre aux autres imputations.

Dans l'article que j'ai reproduit page 15, M. Albert Rogat prétend que j'ai essayé « d'exploiter et d'escroquer les chefs du parti bonapartiste. »

Je crois, quant à moi, qu'il n'y a eu de part ni d'autre ni *exploiteur* ni *escroc.*

J'affirme, en tous cas, qu'à supposer qu'il y en ait eu réellement ce n'a pas été moi qui ai été cet *exploiteur* ou cet *escroc.*

Et je vais faire mieux que d'affirmer. Je vais prouver :

Depuis le 12 mars 1871, jour où parut le premier numéro de la *Comédie politique*, je travaillais à la défense de l'Empire. La lettre de M. Conti (page 81), datée du 18 avril de la même année, prouve que déjà à cette date mes efforts étaient appréciés par les notabilités du parti.

La réhabilitation de l'Empire, que je m'étais proposé d'obtenir dans la limite de mes moyens, était une œuvre difficile, au lendemain des malheurs de la guerre, et qui demandait une grande prudence.

Voici le système que j'avais adopté pour arriver à un résultat utile :

Je glissais un article impérialiste — un seul, ou deux

tout au plus — au milieu de la série d'articles qui composaient chacun de mes numéros.

En m'y prenant avec cette réserve, je continuais à avoir pour lecteurs, non-seulement les rares bonapartistes restés fidèles, mais encore les légitimistes, les orléanistes, les conservateurs sans nuance et les républicains modérés ou de circonstance, quatre classes de citoyens composant un total considérable, qui lisaient mon journal, soit pour satisfaire une simple curiosité, soit pour son attrait spécial au point de vue de l'histoire locale et de la polémique. Et, comme la plupart le lisaient de la première à la dernière ligne, la réhabilitation de l'Empire pénétrait ainsi à petite dose, et sans que le lecteur pût s'en rendre bien compte, non-seulement chez le converti, mais encore — et c'était là l'important — chez l'indifférent et chez l'adversaire, parmi lesquels elle finissait par faire des prosélytes.

C'était, je crois, un système qui en valait bien un autre, qui valait mieux, en tous cas, que le silence, par trop prudent, de ce même *Pays* qui m'a appelé depuis un « échappé du parti républicain. »

Cela dura ainsi jusqu'au mois d'octobre 1871.

Dans les premiers jours de ce mois, deux personnes vinrent me faire visite, à mon bureau, rue Cuvier, et, ne me trouvant pas, me laissèrent le billet suivant :

Monsieur,

Je suis venu vous voir de la part de M. Fernand Giraudeau. Il m'a chargé de vous faire une communication qui vous intéresse. Mes occupations ne me permettant pas de revenir chez vous aussitôt que je le voudrais, je vous serais infiniment obligé si vous vouliez bien prendre la peine de passer à mon hôtel quand vous aurez un moment disponible. Vous m'y trouverez le matin *jusqu'à midi*.

J'ai l'honneur d'être votre serviteur.

De Saint-Germain.

Grand-Hôtel de l'Europe, Lyon.

Je me rendis, le lendemain, à l'invitation qui m'avait

été adressée. Introduit dans l'appartement de M. de Saint-Germain, je me trouvai en présence de deux journalistes auxquels j'avais fait visite, à Valence, en 1869, quelques jours après les élections générales, dans les bureaux de la rédaction du *Courrier de la Drôme.*

L'un était M. X....., qui signait ses articles au *Courrier de la Drôme* du pseudonyme de Saint-Germain. L'autre était M. Ulysse Pic, qui, en 1869, à l'époque que je viens d'indiquer, était allé soutenir de sa verve et de son brillant talent de polémiste les candidatures de MM. Lacroix-Saint-Pierre, Monier de la Sizerane et Morin.

M. Ulysse Pic me fit part de la lettre qu'il avait reçue de M. Fernand Giraudeau, laquelle prescrivait de me décider à venir, deux ou trois jours après, à la gare de Perrache, à l'heure du passage de l'express. M. Giraudeau, qui se rendait de Paris à Marseille, désirait causer avec moi pendant les 50 ou 60 minutes d'arrêt du train en gare de Lyon. M. Ulysse Pic m'invita à préparer pour ce jour-là une sorte de devis indiquant les prix que coûterait la transformation de la *Comédie politique* en journal bi-hebdomadaire ou même en journal quotidien.

Au jour indiqué, sur les sept heures du soir, je me rendis à la gare de Perrache. Je trouvai, soupant au buffet, M. de Saint-Germain et M. Ulysse Pic. Quand l'express arriva, nous allâmes recevoir M. Fernand Giraudeau, et nous entrâmes tous les quatre dans un petit salon particulier attenant à la salle à manger du buffet.

M. Giraudeau me complimenta très-chaudement sur l'attitude de la *Comédie politique,* puis il me demanda le devis que m'avait prié de préparer M. Ulysse Pic.

Les conditions de ce devis ne lui convinrent pas, et il les repoussa, comme les avait déjà repoussées M. Ulysse Pic, à qui je les avais préalablement soumises.

D'autres personnes étant entrées alors dans le salon où nous étions, nous leur laissâmes la place libre et nous allâmes nous promener sur le trottoir de la gare.

Je me trouvais le plus près de la voie. A ma droite était M. Giraudeau, puis M. Ulysse Pic, puis M. de Saint-Germain. (Ce dernier était souvent obligé de se ranger derrière nous pour laisser passer des voyageurs, ou des employés de la gare, ou des hommes d'équipe poussant leur charriot, et ne prenait ainsi que peu de part à la conversation.)

Voici le sens rigoureusement exact, je pourrais presque dire la traduction mot pour mot, de la conversation qui fut alors échangée entre nous :

M. GIRAUDEAU. — Monsieur Ponet, vous êtes en communion absolue d'idées avec nous. Cela se voit, malgré certaines restrictions, en lisant votre journal..... Eh bien ! il ne faut plus de ces restrictions. Je viens vous demander de lever hautement et ouvertement le drapeau bonapartiste dans la *Comédie politique*.

MOI. — C'est, à mon avis, un peu matin, et je crois qu'en agissant ainsi, dans notre région, on retarderait plutôt qu'on n'avancerait les affaires de l'Empire.

M. GIRAUDEAU. — Je crois que vous faites erreur. Tenez, je vous dis cela parce que vous êtes un de ces fidèles à qui l'on peut tout dire (*se penchant vers moi*), l'Empereur est plus près que vous ne le croyez de monter à cheval.

MOI. — Tant mieux ! Mais je persiste, néanmoins, à croire que ce serait faire une fausse manœuvre que d'afficher aussi ouvertement que cela l'opinion bonapartiste dans un journal de Lyon. Je puis continuer à servir très-utilement le parti impérialiste en suivant la ligne prudente que j'ai adoptée, parce que mon journal est lu par les gens de toute opinion, tandis que, le jour où je ferai ce que vous me demandez, il ne me restera pour lecteurs que les impérialistes purs. Alors, plus de prosélytes parmi nos adversaires. D'autre part, la *Comédie politique* pourra descendre ainsi à un tirage insuffisant pour couvrir ses frais, et j'estime qu'il vaut mieux vivre en ne faisant qu'un peu de bien chaque jour que de mourir en brûlant ses vaisseaux.

M. GIRAUDEAU. — Votre appréciation me paraît exagérée, mais, en tous cas, le fait est prévu, et, pour vous compenser des pertes que vous pourriez éprouver en mettant votre journal tout entier à la disposition du parti bonapartiste, je suis chargé de vous faire la proposition suivante : vous lèverez hardiment le drapeau bonapartiste, vous publierez des extraits nombreux de nos petites brochures, vous agrandirez, si vous pouvez, le format de votre journal afin de pouvoir multiplier ces reproductions, et, en revanche, vous recevrez une subvention de 1,000 francs par mois.

MOI. — Dès l'instant que c'est la volonté de l'Empereur.....

M. GIRAUDEAU. — Non pas de l'Empereur, qui n'a pas le temps de s'occuper de ces détails, mais de ceux qui le représentent en France.....

MOI. — Je n'ai rien à refuser au parti bonapartiste, auquel j'ai toujours appartenu, et je souscris les yeux fermés à tout ce que vous me demandez, mais je vous assure que ce ne sera pas là l'équivalent de ce que perdra la *Comédie politique* en adoptant, dans un pays comme le nôtre, la ligne de conduite que vous me demandez.

M. ULYSSE PIC. — C'est assez mon avis, mais on s'adresse un peu à votre dévouement, monsieur Ponet.

MOI. — Aussi m'empressé-je de consentir et de me livrer à vous, je vous l'ai dit, les yeux fermés.

M. GIRAUDEAU. — Du reste, nous verrons à faire mieux, si c'est possible. Mais je ne puis, pour le moment, promettre que 1,000 francs par mois.

MOI. — Je ferai ce que vous désirez.

En me quittant, M. Giraudeau me remit deux exemplaires de la brochure *Sedan, conversation à table d'hôte*, par Adam Lux, et m'engagea à commencer l'exécution de notre contrat verbal par la reproduction *in extenso* ou par extraits de ladite brochure.

Le lendemain, j'allai voir M. Genton, ancien député, avocat et mon conseil, en qui j'avais la plus grande confiance, et — je puis bien le dire en passant — aux inspirations duquel j'estime devoir une grande partie du bien qu'a pu faire la *Comédie politique* pendant sa publication.

Je racontai à M. Genton mon entrevue avec M. Fernand Giraudeau et les conditions du contrat passé.

J'ai la conviction que M. Genton n'a pas oublié cela.

M. Ulysse Pic, en tous cas, n'a pas oublié, lui, toutes ces circonstances, et je pourrais invoquer, au besoin, à l'appui de cette appréciation, la lettre que ledit M. Ulysse Pic m'adressait de Marseille le 29 janvier 1872. Cette lettre commençait ainsi :

Mon cher monsieur Ponet,

J'espère que vous avez eu lieu d'être content du résultat des pourparlers engagés à Lyon.

Dans les premiers jours de janvier, je reçus de Marseille les trois lettres que voici :

Marseille, jeudi (4 janvier).

Monsieur,

Je pars demain vendredi par l'express de 11 heures 50 du matin. Je serai à Lyon à 6 heures 40. Vous serait-il possible de vous trouver à la gare?..... Je vous en serai fort obligé.

FERNAND GIRAUDEAU.

Jeudi soir.

Monsieur,

Tenez pour non avenue la lettre que je vous ai écrite ce matin. Mon voyage est différé.

FERNAND GIRAUDEAU.

Jeudi, 11 janvier.

Monsieur,

Je partirai de Marseille samedi matin par l'express de 11 heures. Je vous serai fort obligé de vous trouver à la gare à l'arrivée du train, si cela ne vous dérange pas

FERNAND GIRAUDEAU.

Je fus exact au rendez-vous.

J'avais apporté à M. Giraudeau plusieurs numéros de la *Comédie politique* établissant que j'avais commencé à remplir les conditions que l'on m'avait imposées.

Quoiqu'il n'y eût à ce moment aucune arrière-pensée en moi, M. Giraudeau comprit que c'était là une invitation d'avoir à remplir, de son côté, les clauses du contrat verbal, et il me dit :

— Je n'ai pas, pour cela, de fonds à ma disposition

en ce moment. Mais on vous paiera au moins un premier trimestre à Paris, où je vous engage à venir le plus tôt possible.

La semaine suivante, je recevais de M. Giraudeau, sous le pseudonyme de Morin, la lettre que voici :

Monsieur,

Comme je vous le disais l'autre jour à la gare, il serait bon que vous puissiez venir passer 24 ou 48 heures à Paris. Il serait bien difficile de *régler par lettres* la question qui nous intéresse.

MORIN

16, place Delaborde.

Je partis pour Paris.

M. Giraudeau me conduisit chez M. Chevreau, qui m'annonça *qu'en outre des conditions qui m'avaient été faites à Lyon* on allait prendre à mon journal un certain nombre d'abonnements.

Je retournai le soir chez M. Giraudeau. Il m'annonça qu'on prenait à la *Comédie politique* 500 abonnements d'un an, que je servirais à mon gré à des hôtels ou à des cafés, en nombre à peu près égal par chaque département du midi de la France. Ces abonnements me seraient payés 8 francs l'un dans l'autre. C'était ainsi 2 francs que je perdais sur chaque service fait en dehors de Lyon, puisque l'abonnement en ce cas était de 10 fr. Je souscrivis, néanmoins, à cette concession, et M. Giraudeau me remit 1,000 francs, prix d'un trimestre.

Je trouvai bien quelque peu étonnant qu'il ne me payât pas en même temps les deux mois écoulés de la subvention, ou même un trimestre entier, comme il me l'avait promis à Lyon ; mais je n'en parlai pas, pensant que c'était M. Mansard, que j'avais déjà vu le matin et qui m'avait donné rendez-vous chez lui pour ce jour-là, à 2 heures, qui était chargé de me payer la subvention convenue.

Je vis M. Mansard à 2 heures. Il me parla des correspondances qu'il envoyait aux journaux, il me parla d'une foule de choses, mais il ne me dit pas un mot de la subvention.

Alors je me hasardai, quoique un peu timidement, je l'avoue, à lui en parler moi-même.

— Ah ! pour cela, me répondit-il, il faudra voir M. Giraudeau. C'est lui qui doit avoir les fonds pour cela.

Je retournai chez M. Giraudeau. Il était sorti. J'y revins une seconde fois dans la soirée. Il n'était pas encore rentré.

Alors j'allai me faire annoncer chez M. Rouher, rue de l'Elysée.

M. Rouher me reçut aussitôt. Il me fit l'honneur de m'entretenir une demi-heure, mais il ne mit jamais la conversation sur la question pécuniaire, et je n'osai pas parler à un aussi grand personnage d'un aussi mince détail.

Le lendemain, vers les dix heures, je me fis annoncer chez M. Giraudeau. Il n'y était pas.

Je rentrai à mon hôtel, et j'écrivis à M. Giraudeau une lettre où je le priais de me dire le plus tôt possible — car j'étais obligé de repartir pour Lyon — ce qu'il en advenait du trimestre sur la subvention de 1,000 fr. par mois.

Dans la soirée, au moment où je faisais ma valise pour prendre le train de 11 heures, je reçus de M. Giraudeau une carte de visite sur laquelle étaient ces mots :

Je croyais que M. Mansard vous avait remis la somme. C'est pourquoi je ne vous en avais pas parlé. Vous la recevrez demain.

Je remis donc mon départ au lendemain. Ce jour-là je gardai la chambre jusqu'à 4 heures du soir, et personne ne vint me demander. Alors, je pris une voiture : j'allai chez M. Giraudeau. Il n'y était pas, mais il avait dû passer chez moi, me dit-on. Je revins à l'hôtel ;

personne ne m'avait demandé pendant mon absence. J'attendis encore une heure inutilement. Je revins chez M. Giraudeau : il n'était pas rentré, me dit le concierge. Je me fis conduire rue de Tournon, chez M. Mansard, espérant qu'il avait peut-être, dans la journée, reçu des ordres : il n'y était pas.

Alors, pressé que j'étais de revenir à Lyon pour faire mon journal, dont toute la rédaction m'incombait, je jetai à la poste une lettre pour M. Giraudeau, le priant de m'envoyer la somme à Lyon le plus tôt qu'il le pourrait.

Pour toute réponse, je reçus, quinze jours après, la lettre suivante :

15 février 1872.

Monsieur,

On me demande la liste d'abonnés que vous avez bien voulu me promettre. S'il vous était possible de me l'adresser avant le 31, je vous en serais fort obligé.

MORIN.

J'envoyai la liste ; mais, dès ce moment, il me parut que l'on n'agissait pas vis-à-vis de moi avec une entière bonne foi.

Je résolus de dissimuler et d'employer la douceur là où j'aurais été en droit, cependant, de mettre une certaine brusquerie.

Puisqu'on ne s'empresse pas de payer la subvention qui m'a été promise, me dis-je, je vais demander à ces messieurs de verser le cautionnement de la *Comédie politique* au lieu et place de celui qu'a versé pour moi M. B..... Je me trouverai ainsi payé de la subvention qui m'est due, et même payé un peu par anticipation, puisqu'il faut 6,000 francs de cautionnement et qu'il n'en est dû que 3,000.

J'écrivis dans ce sens à M. Giraudeau, qui me répondit :

27 février 1872.

J'ai reçu votre lettre. Je m'occupe de votre affaire.

MORIN.

Paris, 15 mars 1872.

L'affaire du *cau.* sera faite. Elle a subi seulement un petit temps d'arrêt.
Dites-moi, je vous prie, pour quel moment il faut qu'elle soit terminée.

MORIN.

Vers la fin d'avril, aucune solution n'était encore donnée à la demande que j'avais faite, et cependant la subvention courait depuis le 1er décembre au plus tard.
J'adressai une nouvelle lettre, celle-ci très-pressante, à M. Giraudeau.
Voici la réponse qu'il me fit :

Lundi, 29 avril 1872.

Je comprends, monsieur, votre impatience et votre étonnement de ne pas avoir encore reçu la solution annoncée.
Ces retards tiennent à des causes qu'il m'est impossible de vous expliquer ici, mais où la négligence, croyez-le bien, n'a aucune part. Je crois, cependant, pouvoir vous affirmer que, *d'ici à trois jours*, tout sera terminé et que tout le serait déjà sans l'absence de la personne de qui tout dépend et qui ne revient que demain matin.
Quant au second point, c'est bien entendu : vous recevrez le 2 ce qui est convenu.

SÉMONT (Raoul) (1).

---

(1) Autre pseudonyme de M. Fernand Giraudeau.

Ce « second point, » c'étaient les 1,000 francs pour le 2e trimestre des 500 abonnements.

Quelques jours après, je me rendis à Paris, pour solliciter le secours de M. Pinard dans le procès que me faisait le procureur de la République Andrieux. Je profitai de l'occasion de ce voyage pour m'entretenir de l'affaire du cautionnement et de la subvention, et j'insistai auprès de M. Mansard sur ce point que ce cautionnement serait versé avec les fonds de la subvention qui m'étaient dus.

— Mais cela ne se peut pas, dit M. Mansard : il faut 6,000 francs pour le cautionnement, et il ne vous en est dû que 4,000.

— Eh bien ! alors, qu'on me donne ces 4,000 francs, et je complèterai moi-même la somme nécessaire pour mon cautionnement.

— Non, voyez-vous, monsieur Ponet, insista amicalement M. Mansard, il vaut mieux faire comme ceci : vous avez besoin en ce moment de 6,000 francs pour votre cautionnement. Je vais les verser avec mes fonds particuliers, car le Comité, pour le quart d'heure, est gêné par une foule d'autres engagements auxquels il faut faire face. Comme c'est moi qui fais l'avance des 6,000 francs, il faudra me concéder le privilége de second ordre. Mais, d'ici peu de temps, le Comité aura opéré des rentrées importantes, il me remboursera, et alors je vous donnerai main levée de mon privilége : le cautionnement vous appartenant alors en propre, vous vous trouverez ainsi payé de vos six premiers mois de subvention.

Cette explication me fut donnée, je n'en doute pas, avec une sincérité véritable et, en tous cas, sur le ton de la plus parfaite franchise. Je la trouvai donc satisfaisante et je m'inclinai.

Aussitôt revenu à Lyon, j'envoyai à M. Mansard, ainsi qu'il me l'avait demandé, un acte notarié lui concédant le privilége de second ordre.

Le 4 mai, M. Giraudeau me télégraphia :

Votre affaire est faite.

SÉMONT (Raoul).

J'allai vérifier chez mon notaire, M. Chaze. L'affaire n'était pas faite du tout. Ce ne fut que le 8 juin que les 6,000 francs furent déposés chez Me Prestat, notaire à Paris.

A ce moment, et depuis huit jours, les 6,000 francs m'étaient dus intégralement à titre de subvention. Il eût donc été naturel que M. Mansard, mandataire du Comité bonapartiste mon débiteur, ne prît alors aucun privilége sur le cautionnement, qu'il déposait, en définitive, avec mes propres fonds, et n'usât pas de l'espèce de blanc-seing que je lui avais envoyé.

C'est même ce que M. Mansard m'annonça avoir été fait, car peu de temps après il m'écrivait :

Ce qui est cause du retard, ce sont les lenteurs du Trésor à délivrer les pièces régulières déchargeant vis-à-vis de moi la responsabilité du notaire.

Hier, *j'ai donné l'ordre de passer outre*, et ce même courrier porte les fonds à M. Chaze. Vous n'aurez donc de ce chef aucun ennui.

E. MANSARD.

Depuis ce jour je crus donc bien sincèrement qu'aucun privilége n'avait été pris sur mon cautionnement et je considérai les six premiers mois de ma subvention comme payés.

On verra plus tard jusqu'à quel point je m'étais trompé.

Cependant les jours mauvais arrivaient peu à peu pour moi.

Déjà le procès Andrieux devant la Cour d'assises, grâce à une machination dans laquelle trempèrent, les uns hypocritement, les autres maladroitement, plusieurs amis à moi, m'avait coûté environ 15,000 francs, avec un chiffre de condamnation qui ne s'élevait qu'à 2,000 francs.

Alors tout ce qui avait la peur ou la haine des Napoléons : républicains, orléanistes, bourgeois niais et lâches du centre gauche, bonapartistes devenus insulteurs de l'Empire et redoutant sa colère en cas d'un retour de l'île d'Elbe, même quelques intransigeants de la légitimité, se rua sur moi avec ensemble. Il s'agissait de faire disparaître le seul défenseur que l'Empire eût à Lyon.

J'eus à supporter une série d'assauts acharnés, et à les supporter seul, car, à force d'obsessions et d'importunités, on était même, à un moment où le bonapartisme semblait perdre quelque terrain, parvenu à détacher de mes intérêts un homme qui, par son talent, son éloquence, son esprit, son autorité et l'appui bienveillant qu'il me prêtait en toute occasion, avait été une des principales forces de la *Comédie politique* durant la première année de son existence.

Traqué de tous côtés, je demandai aide au Comité de Paris. N'ayant reçu jusqu'alors sur ma subvention que les 6,000 francs du cautionnement, j'écrivis coup sur coup plusieurs lettres où, retenu par la politesse et le respect pour les notabilités de mon parti, je ne réclamais pas carrément ce qui m'était dû, mais où j'insinuais du moins en termes transparents que le moment était venu de s'acquitter envers moi de tout l'arriéré.

Voici la réponse qui fut faite à l'une de ces lettres :

Monsieur,

La lettre que vous m'aviez adressée à Paris (et qui, par parenthèse, a été décachetée à la poste) m'a été renvoyée en province, où je suis depuis deux mois. Je l'ai communiquée *immédiatement, c'est-à-dire tout à l'heure*, à qui de droit, en recommandant qu'on vous répondit immédiatement, CAR POUR MOI JE N'Y PUIS PLUS RIEN.

(Pas de signature, mais la lettre est écrite de la main de M. Giraudeau et porte le timbre de Marseille.)

Ainsi M. Giraudeau, qui était venu m'apporter et me dicter les conditions du Comité bonapartiste, M. Giraudeau *ne pouvait plus rien* pour l'exécution de ces conditions réciproques.

Cela me sembla bizarre, mais il me parut, dès lors, nécessaire de frapper à d'autres portes.

C'est ce que je fis, et cela me valut les lettres suivantes, que je donne sans commentaires :

P. C., 3 novembre 1872.

J'ai écrit à Levert, ainsi que je vous l'ai promis. Votre journal est très-courageux et fort intéressant. Par ce temps de défaillance générale on est heureux de voir des hommes de cœur attaquer de la sorte les coquins.

T..... (1)

Paris, 8 novembre 1872.

Je vous prie, Monsieur, de compter sur ma faible et fort modeste influence pour vous être agréable. Vous soutenez avec le plus grand courage une lutte vigoureuse contre les perturbateurs lyonnais. Croyez bien que l'on connait vos efforts et qu'on les apprécie à leur véritable valeur.

A. LEVERT.

P.-S. — Je lis la *Comédie politique* avec un vif intérêt.

P. C., 10 novembre 1872.

J'ai reçu, ce matin, la réponse de Levert. Il vous considère comme « un brave et intelligent défenseur de la cause », et il a dû, dès le 8, s'occuper de vous, ainsi que je l'espérais.

T.....

(1) Ancien sous-préfet de l'Empire.

Paris, le 17 novembre 1872.

. . . .

Je voudrais pouvoir vous venir en aide. Malheureusement, je sais qu'il n'y a plus d'argent disponible pour le moment.

J'espère que les conditions dans lesquelles nous sommes ne dureront pas et qu'il nous sera permis de vous prouver, plus tard, combien sont appréciés votre énergie et votre dévouement.

A. Levert.

Paris, 24 novembre 1872.

Je regrette d'autant plus la nécessité de force majeure où l'on se trouve qu'il s'agit aujourd'hui d'un des plus intelligents et vaillants défenseurs du grand parti des honnêtes gens.

Je verrai, ces jours-ci, mes collègues et les entretiendrai de votre affaire, sans grand espoir cependant, car je n'avais pas attendu votre communication pour leur faire connaître l'extrémité à laquelle vous êtes réduit. Des dépenses sur lesquelles on ne comptait pas sont venues, ces derniers temps, épuiser la caisse.

Peut-être sommes-nous à la veille de modifications dans le gouvernement. Les choses pourraient alors changer de face.

A. Levert.

P. C., 7 décembre 1872.

Je croyais que vous aviez reçu satisfaction en ce qui concerne la somme dont vous me parlez. J'en ai, en effet, écrit à Paris ; mais on y est si occupé et préoccupé depuis quelque temps. Je vais pourtant y écrire de nouveau.

T.....

S...., 9 décembre 1872.

Mon cher Monsieur,

Je suis aussi indignée que vous des procédés inqualifiables dont vous êtes victime, procédés qui me paraissent tout bonnement incompréhensibles, puisqu'ils touchent à l'un des appuis les plus vaillants, les plus utiles du parti. Vous pouvez compter sur moi : dès notre arrivée à Paris, je verrai les membres influents et leur ferai parler par diverses personnes en position de le faire énergiquement. Il n'est pas possible qu'une plume et une épée comme les vôtres soient abandonnés de telle façon. Il y a malentendu ou faute quelque part, et je vous promets que je les rechercherai de tout mon pouvoir.

. . . .

Votre juste cause serait bientôt gagnée si mon pouvoir égalait ma bonne volonté et mes profondes sympathies.

A vous, avec tout mon dévouement.

Comtesse de.....

En même temps un de mes amis personnels, habitant momentanément Paris, faisait des démarches actives auprès de M. Mansard pour obtenir le paiement de la somme qui m'était due.

Voici, d'après les lettres de mon ami, les diverses phases que suivirent ces démarches :

5 novembre 1872.

Je sors de chez M. Mansard. Il me charge de vous dire que vos demandes ont été soumises à qui de droit et qu'on leur a fait bon accueil.

Mansard est on ne peut mieux disposé à votre égard. Mon impression est que l'on vous enverra promptement de 2 à 3,000 francs.

O. T.

Paris, 11 novembre 1872.

Mansard m'avait promis une réponse définitive pour ce matin lundi, et je n'ai encore rien reçu.

O. T.

Il paraît que M. Mansard avait complètement oublié la réponse à faire à M. T..., car d'un mois environ ce dernier ne reçut plus de ses nouvelles et ne put parvenir à le trouver chez lui.

Prévenu par mon ami T... de ce silence persistant de M. Mansard et de l'impossibilité de le rencontrer à son domicile ou ailleurs, j'écrivis audit M. Mansard trois ou quatre lettres successives et très-pressantes, en le priant chaque fois de me donner une réponse, si courte fût-elle. Mais M. Mansard était tellement occupé, sans doute, à ce moment-là qu'il ne put répondre à aucune de mes lettres.

Pour obtenir une réponse, je dus avoir recours au moyen suivant, qui sans doute décida M. Mansard à s'arracher deux minutes à ses nombreuses et absorbantes occupations :

J'envoyai une dépêche et je payai la réponse.

Alors M. Mansard me fit transmettre la dépêche que voici :

Lyon de Paris, 7 décembre 1872, 9 heures du soir.

Ponet, 14, rue Cuvier, Lyon.

Réponse négative, que j'espère modifier sans pouvoir fixer date.

MANSARD.

J'écrivis de nouveau.

Ce mot de « réponse négative », alors que je réclamais simplement le paiement d'une dette qu'on savait bien être échue, m'avait froissé un peu par le sans-gêne qu'il semblait laisser percer. Je craignis moins de blesser l'amour-propre de débiteurs auxquels, par respect pour leur caractère, je n'avais pas jusqu'alors mis les points sur les *i*, ne doutant pas, d'ailleurs, que le souvenir de leurs engagements les mettrait bien à même de comprendre tous les sous-entendus. Je ne cessai pas d'être respectueux et d'user de ménagements, mais je fus un peu plus clair et plus précis dans cette nouvelle lettre.

On ne me répondit pas, mais on écrivit à M. T..., et deux jours après je recevais de ce dernier la lettre suivante :

Mon cher Ponet,

Je reçois ce matin une lettre de Mansard ainsi conçue (je copie textuellement) :

« M. Rouher, que j'ai vu ce matin, n'a pas modifié sa réponse, « même en présence d'une dernière et nouvelle lettre de M. « Ponet, que j'ai là sous les yeux.

« La pénurie des fonds est la seule cause du *refus.* »

Je m'abstiens de toutes réflexions — il est des choses qu'il est peut-être prudent de ne pas confier à une lettre. — Je me bornerai à dire que cette conduite est inqualifiable.

O. T.....

Ainsi, pour cause de *pénurie de fonds*, on *refusait* de s'acquitter envers moi, et cela sans s'excuser, sans même prendre la peine de dire qu'on le ferait quand aurait cessé ladite pénurie de fonds.

Ce mot *refus*, en pareille circonstance, je compris fort bien qu'on n'eût pas osé me le transmettre à moi-même et qu'on eût cru devoir prendre un intermédiaire.

Le moment critique était arrivé.

Je ne pus déjouer les manœuvres multiples et parfaitement combinées de mes adversaires. La *Comédie politique* disparut.

Je vais donner un aperçu succinct de la façon dont cette disparition fut accueillie par mes coreligionnaires politiques.

Le 18 décembre je reçus la lettre suivante :

P. C., 18 décembre 1872.

Cher monsieur,

Vous cessez donc votre rude campagne ?... J'espère que ce n'est qu'un armistice et que vous reprendrez bientôt votre plume de combat. Ce qui vous arrive me chagrine, vraiment !

D'après certaines indications, je pensais que ma nouvelle recommandation avait été écoutée à Paris. N'avez-vous rien reçu ? Donnez-moi quelques renseignements qui me guideront dans mes nouvelles démarches ? J'ai écrit hier encore à Levert; mais, après avoir reçu vos renseignements, je m'adresserai plus haut, s'il le faut.

T..... (1)

Ce jour-là même, je reçus le numéro du journal le *Pays* du 17 décembre 1872.

Ce numéro contenait, sous la signature de M. Paul de Cassagnac, l'article que voici :

Le parti impérialiste n'avait qu'un organe à Lyon : c'était la *Comédie politique*, un brave et vaillant petit journal qui bataillait crânement contre la Révolution et la canaille.

Faute de 15,000 francs pour payer les amendes encourues dans le cours de sa publication, il vient de cesser de paraître (2).

Cet événement fera réfléchir évidemment ceux de nos adversaires qui nous croient si bien organisés, si bien dirigés, et leur prouvera que, somme toute, si l'Empire revient un jour, ce sera grâce aux événements et non grâce à l'intelligence et à la générosité du parti.

Le Moscovite (3) que nous avons étrillé l'autre soir nous menaçait de la concurrence que nous feraient prochainement de nouveaux organes impérialistes qu'on songerait à nous opposer pour nous punir de nos allures indépendantes. C'est sans doute cette préoccupation de fonder à Paris des journaux absolument inutiles et pour l'unique usage d'une antichambre (4) qui fait qu'on abandonne Lyon, la deuxième ville de France, à la presse démagogique et qu'on donne ce spectacle décourageant de la disparition de la *Comédie politique* faute de 15,000 francs.

P. DE C.

Et maintenant, que le lecteur veuille bien se reporter à l'article du *Pays* reproduit page 15 et rapprocher ainsi

---

(1) Ancien sous-préfet de l'Empire (voir, pages 105 et 106 d'autres lettres du même.)

(2) Au moment où la *Comédie politique* disparut, elle n'avait pas besoin de 15,000 francs, mais seulement de 2 ou 3,000 francs, pour payer ses amendes.

(3) Un rédacteur du journal le *Nord*, c'est-à-dire un ancien collègue de M. Covielle dans ce journal anti-impérialiste.

(4) C'était le moment où venait d'être fondé le journal hebdomadaire le *Gendarme*, de M. Léonce Dupont, journal qui, du reste, n'eut qu'une courte existence, quoiqu'il fût rédigé fort spirituellement.

l'opinion de M. Paul de Cassagnac de celle de M. Albert Rogat.

Quelle différence d'attitude à ces deux époques !

En 1874, je suis un *escroc* et un *exploiteur* des chefs du parti bonapartiste lorsque je réclame ce qui m'est dû.

En 1872, alors que je faisais la même réclamation aux mêmes personnes, j'étais un *brave*, un *vaillant*, une victime de gens qui ne nous dirigent pas si bien que cela et qui sacrifient mon journal à des journaux d'antichambre.

En 1874, c'est de ma part une gredinerie que d'oser soutenir mes réclamations.

En 1872, ces réclamations étaient parfaitement justes : elles étaient surtout modestes, puisqu'alors que je demandais au plus 6,000 francs, le reliquat de ma créance, M. de Cassagnac se plaignait qu'on ne m'en donnât pas 15,000 et taxait de *spectacle décourageant* le refus des chefs du parti impérialiste.

En 1874, je suis l'*escroc*, l'*exploiteur*, le *gredin*.

En 1872, ce n'était pas moi qui étais tout cela : M. de Cassagnac allait presque jusqu'à dire que c'étaient d'autres.

Je crois, moi, je le répète, qu'il n'y a eu dans tout cela et d'aucun côté ni escroc, ni exploiteur, ni gredin.

On comprend, toutefois, que je ne veuille pas insister. Mais il me semble que le *Pays* ne ferait peut-être pas mal de se mettre d'accord avec... le *Pays*.

Je reprends le récit des événements.

On conçoit que je ne me tins pas pour battu et que je persistai dans mes réclamations.

Le 1er janvier 1873, je reçus la lettre que voici :

Cher monsieur et ami,

Personne ne saurait éprouver mieux que je ne le fais le contre-coup indigné des déboires que vous rencontrez, et je sens aussi vivement que vous le faites la rage causée par le contentement des démagogues.

Voyez-vous, le bon Dieu vaut mieux que les saints, et je me

suis adressée au bon Dieu, à qui j'envoie aujourd'hui même vos lettres (1).

Je vous envoie une lettre qui a couru après moi pour me parvenir avant-hier et qui vous donnera le *la* étrange de la situation.

Comtesse de....

Mon mari vous adresse ses meilleurs sentiments.

Maintenant, voici quelques passages de cette lettre que voulait bien me transmettre Mme la comtesse de...

Madame et amie,

Aussitôt que j'ai reçu votre lettre, je me suis empressé de me mettre en campagne.

. . . .

Je ne puis vous dire tout l'ennui et la contrariété que j'ai éprouvés en voyant non-seulement peu d'énergie chez certaines gens, mais encore l'apathie générale.

Je vous avoue franchement que, si j'étais accessible au découragement, cet état de choses serait fait pour m'en donner. Tout ce que j'ai voulu faire, les choses même les plus simples, ont rencontré des obstacles, et toutes les fois qu'on propose quoi que ce soit qui puisse entraîner à une dépense de cinq francs, on est plutôt considéré comme un spéculateur qui cherche à s'enrichir que comme un ami qui vient apporter sa petite pierre à l'edifice sur lequel doit reposer un jour le bonheur et la prospérité générale.

Ainsi, par exemple, j'ai fait dix démarches au sujet de ces malheureux abonnements au *Pays*. J'ai vu deux fois le secrétaire de M. Rouher, et je n'ai jamais été payé que par de l'eau bénite de cour.

C'est en petit ce qui se fait en grand, et, vu la situation du pays et la suffisance de quelques gens, ce serait à en rire, si ce n'était pas si triste.

Fleury, auquel j'ai remis la lettre que je joins à la mienne, me l'a rendue au bout de quelques jours, n'ayant rien fait à cet égard.

Comte M..... d'....

Paris, 25 décembre 1872.

---

(1) Lesdites lettres ne parvinrent à Chislehurst qu'au moment où l'Empereur était à son lit de mort.

Sans l'événement, fatal pour toute la France, du 9 janvier 1873, je n'eusse pas eu besoin d'écrire cette brochure, car, équitable, bienveillant et généreux comme il l'était, Napoléon III, celui que l'histoire appellera le « doux Empereur », n'eût pas manqué de me faire rendre prompte et bonne justice.

Vers la fin de février 1873, je me rendis à Paris, espérant par des explications verbales obtenir un résultat que n'avaient pu obtenir mes nombreuses lettres.

Dès mes premières démarches, je vis qu'il y avait une sorte de parti pris d'éluder la question, et je compris que je n'aboutirais pas en suivant cette filière.

Je cédai alors au conseil qui m'avait été donné par un grand nombre d'amis, notamment par M. le comte d'Espagny : je partis pour Chislehurst, ainsi que je l'ai dit page 13.

J'étais muni des recommandations les plus chaleureuses et les plus flatteuses pour moi. J'avais : pour Sa Majesté l'Impératrice une lettre de M. le comte de...; pour M. le comte Clary une lettre du même ; pour M. Franceschini Pietri une lettre de M. C..., son collègue au Conseil général de la Corse ; pour le même une lettre de M. le général de X...; enfin, une lettre de M. de Saulcy, ancien sénateur, pour M. le duc de Bassano.

Toutes ces lettres émanaient de personnes qui m'avaient vu à l'œuvre et ne comprenaient guère qu'on ne me tînt pas la parole donnée.

Je ne veux pas reproduire toutes ces lettres. Je donnerai seulement les deux dernières, dont les auteurs avaient bien voulu m'autoriser à garder copie.

Voici d'abord la lettre de M. de Saulcy à M. le duc de Bassano :

Paris, jeudi .....

Monsieur le duc et cher collègue,

Une occasion se présente de me rappeler à votre bonne amitié, et je la saisis avec un vif empressement. M. Ponet, le brave rédacteur en chef de *notre* journal de Lyon la *Comédie politique*, et qui a tout sacrifié : temps, liberté et fortune personnelle, à la défense de la cause qui est la nôtre, se rend à Chislehurst, où il a le plus grand désir de présenter à Sa Majesté l'Impératrice l'hommage de son respect et de son dévouement. Je serais véritablement heureux qu'un homme aussi précieux pour *notre cause* fût accueilli avec bienveillance.

Si vous pouvez lui procurer quelques instants d'entretien avec notre bien-aimée souveraine, vous aurez, j'en suis convaincu, fait une excellente action. Je vous recommande donc M. Ponet de toutes les forces de mon dévouement à moi. A l'avance, mille fois merci pour ce que vous pourrez faire en faveur de mon digne protégé.

Veuillez agréer, etc.

DE SAULCY,
Ancien Sénateur.

Voici maintenant la lettre, d'un laconisme tout militaire, de M. le général de X ..... à M. Franceschini Pietri :

Paris, 6 mars.

Mon cher ami,

Le porteur de ce billet est M. Ponet, rédacteur en chef de l'ex-*Comédie politique*, de Lyon, qui veut se présenter à Chislehurst.

Je te prie de lui faire le *meilleur* accueil et de causer sérieusement avec lui, chose *qu'on ne sait pas toujours très-bien faire ici.*

A toi d'amitié,

De X.....

Je me présentai à Chislehurst le lundi 10 mars.

L'Impératrice Eugénie voulut bien me recevoir le lendemain mardi, à une heure. Sa Majesté m'accueillit avec une grande bonté et daigna me témoigner à plusieurs reprises combien elle était touchée des efforts que j'avais faits pour conserver intacts parmi les Lyonnais le souvenir des bienfaits de l'Empire et la reconnaissance pour la famille impériale. Mais, dès le début de cette audience, dont la bienveillante cordialité me toucha vivement et a laissé en moi une impression ineffaçable, il me fut facile, pourtant, de reconnaître que mon voyage à Chislehurst avait été signalé d'avance à l'entourage de Sa Majesté et que, craignant qu'elle ne se laissât aller trop facilement aux inspirations de sa grandeur d'âme, de sa générosité naturelle et de ses sentiments de justice, on l'avait mise en garde contre les réclamations que je pourrais lui adresser.

Par respect pour l'auguste souveraine, je crus, dès lors, ne pas devoir aborder de vive voix la question de mes griefs contre le Comité, et je me bornai à quelques allusions à la conduite que l'on tenait envers moi.

Lorsque j'eus pris congé de l'Impératrice, M. Franceschini Pietri m'accompagna à l'église Sainte-Marie de Chislehurst, et j'accomplis ainsi mon pèlerinage au tombeau de l'Empereur.

Rentré à Londres, le soir, je trouvai à mon hôtel une lettre de ma famille me montrant aggravée encore la situation qui résultait de la violation des engagements pris envers moi. Quelque respect dont je me sentisse pénétré pour l'Impératrice et pour son deuil encore si récent, comme il ne s'agissait plus seulement de moi, mais des miens, je ne pouvais plus hésiter : j'adressai aussitôt à Sa Majesté une note détaillée par laquelle je lui exposais respectueusement, mais nettement, les promesses formelles qui m'avaient été faites et la priais, soit d'intervenir auprès du Comité pour l'amener à remplir ses promesses, soit de me mettre à même de reprendre, à Lyon, ma publication interrompue en m'accordant elle-même la somme de 7,000 francs, représentant environ ce qui me restait dû à Paris en considérant le cautionnement de la *Comédie politique* comme m'étant bien et dûment acquis.

L'Impératrice put-elle prendre connaissance de ma lettre ? — J'ai la conviction qu'au milieu des préoccupations nombreuses du moment on oublia de la faire passer sous ses yeux, et je garde la consolation de me dire : « Si l'Impératrice avait su, » ainsi qu'autrefois ceux qui avaient, comme moi, été victimes d'injustices, se disaient : « Si le Roi savait..... » « Si l'Empereur savait..... »

Quoi qu'il en soit, je reçus, quatre jours après, la réponse suivante :

Monsieur,

Vous demandez à Sa Majesté de vous accorder une somme de sept mille francs. J'ai le regret de vous informer que Sa Majesté ne peut vous accorder cette somme, car ses ressources, dans les circonstances actuelles (il n'y a pas honte à le dire), sont très-limitées. Aussi, croyez bien, monsieur, qu'il est pénible pour Sa Majesté de ne pouvoir accueillir favorablement la demande d'un homme qui, comme vous, a donné des preuves d'un dévouement sincère.

Je vous prie d'agréer, etc.

FRANCESCHINI PIÉTRI.

Ayant échoué de ce côté, je repris mes démarches auprès de plusieurs membres du Comité, insistant pour qu'en attendant la libération de ce que j'appelais « *mon cautionnement* » (1), je pusse toucher au moins une partie des 7,000 francs environ qui me restaient dus et éviter ainsi la contrainte par corps que cherchaient, par tous les moyens, à rendre effective contre moi les adversaires de la *Comédie politique* qui restaient créanciers à la suite de condamnations.

Des invitations à être plus traitable avaient sans doute été transmises de Chislehurst, car le lundi soir 15 mars je reçus, à mon hôtel, à Paris, la lettre suivante :

Monsieur,

Le Comité n'a rien pu faire, malheureusement pour vous. Il m'a chargé de vous exprimer tous ses regrets et de vous informer qu'il vous serait fait, afin de vous prouver son bon vouloir personnel, un traitement de 150 francs par mois pendant un an, à partir de ce jour.

Croyez au chagrin que j'éprouve de n'avoir pas une plus favorable réponse à vous transmettre. Les temps mauvais

(1) On verra plus loin combien j'étais naïf de l'appeler ainsi.

passeront, et, plus tard, je l'espère, nous pourrons vous donner la preuve que nous n'oublions ni les services ni le dévouement.

Je puis à peine écrire. Veuillez m'excuser et agréer l'assurance de mes sentiments les plus distingués.

A. LEVERT.

C'était donc 1,800 francs que l'on m'offrait, en attendant mieux.

Le lendemain dimanche, je me rendis chez M. Levert et lui demandai de faire, au moins, son possible pour obtenir que cette somme de 1,800 francs, au lieu de m'être remise par fractions mensuelles, me fût donnée en totalité dans le courant de la semaine, afin que je pusse faire face aux embarras que me suscitaient des adversaires politiques acharnés contre moi surtout en tant qu'impérialiste.

M. Levert me répondit que toutes démarches dans ce sens seraient absolument inutiles.

Je fis tenir alors à plusieurs membres du Comité une note où j'exposais mes griefs plus nettement que je ne l'avais fait jusqu'alors et par laquelle je formulais, comme pis aller, la dernière demande que j'avais adressée à M. Levert.

Je ne reçus plus de réponse d'aucun des personnages auxquels je m'étais adressé.

Quant à cet appointement de 150 francs par mois pendant un an que l'on m'avait promis si formellement, je n'en ai, AUJOURD'HUI 15 MARS 1877, pas encore vu ni touché un rouge liard.

Mais je reprends le récit de mes démarches :

Deux ou trois jours après ma dernière entrevue avec M. Levert, je me rendis chez M. Mansard. Ce ne fut qu'après trois ou quatre tentatives que je pus être admis auprès de lui.

Je fis appel à ses souvenirs et à sa bonne foi. Je lui rappelai qu'il avait été convenu entre nous que les

6,000 francs du cautionnement m'appartiendraient aussitôt que la subvention due atteindrait cette somme.

— Mais c'est entendu, me dit-il, vous pouvez le retirer, votre cautionnement. On le considère comme étant votre propriété et comme se trouvant, du reste, presque en totalité absorbé par les frais de vos procès.

— Alors, ajoutai-je, donnez-moi vite main-levée du privilége de second ordre que vous avez pris à tort et qui m'empêche de le retirer.

— Ah ! exclama M. Mansard comme très-étonné, il y a donc encore mon privilége ? Eh bien ! je vais m'occuper de vous en donner main-levée ! Je vous l'enverrai dans quelques jours,

Je parlai alors des 7,000 francs environ restant dus après le retrait du cautionnement.

Sur ce point, M. Mansard m'arrêta avec une certaine vivacité et me dit qu'on ne me devait rien, que jamais aucun engagement de ce genre n'avait été pris avec moi.

J'insistai et rappelai à M. Mansard que cet engagement avait été formellement pris par M. Fernand Giraudeau en présence de témoins.

— M. Giraudeau, répondit M. Mansard, n'a jamais pris de tels engagements. Il le nie, et c'est un homme d'honneur !...

— J'ai, répliquai-je, la même prétention pour ce qui me concerne, et c'est précisément parce que je sais que M. Giraudeau est un homme d'honneur que j'ai la conviction qu'il se souviendra fort bien de tout cela lorsque je lui aurai rappelé les circonstances dans lesquelles les engagements ont été pris. M. Giraudeau, qui a toujours été très-affairé dans l'intérêt du parti, a pu oublier certains détails ; mais pour moi cet oubli ne saurait être que momentané. Il y a un moyen de tout arranger : veuillez obtenir du Comité qu'il nous entende, dans sa prochaine séance, contradictoirement avec M. Giraudeau, et, dans sa loyauté, ce dernier, j'en suis sûr, confirmera ce que j'avance.

Pour toute réponse à cette proposition, M. Mansard se leva d'un bond, et, sans que rien dans le ton de la conversation eût pu faire encore prévoir un tel éclat, saisissant les pincettes de sa cheminée et les brandissant comme il eût fait d'un sabre de cavalerie, il me somma de passer à la porte.

J'obéis, non à la menace des terribles pincettes — j'avais affronté pour le parti bonapartiste des dangers bien autrement redoutables que celui-là, — mais j'obéis à la sommation d'un homme qui, en définitive, était chez lui et avait le droit de congédier, même malhonnêtement, toute personne étrangère à ses lares.

Seulement, rentré à mon hôtel, après avoir réfléchi à cette aventure, je m'indignai d'abord, puis je me fâchai. Il y avait peut-être un peu de quoi. Seulement, j'en conviens aujourd'hui, j'eus tort, car on a toujours tort de se fâcher, même lorsqu'on a le bon droit pour soi.

Sous l'empire de cette indignation, de cette irritation, j'écrivis à un des plus hauts personnages du Comité une de ces lettres que l'on appelle communément « lettres à cheval. » Cette lettre, dont, après tout, le véritable coupable est M. Mansard, cette lettre, dis-je, je la regrette aujourd'hui à deux points de vue : d'abord parce qu'elle a été une grave faute contre la discipline qui, à mon avis, devrait, par le temps qui court, exister dans le parti bonapartiste au même degré, au moins, que dans l'armée ; ensuite parce que j'ai acquis la conviction que, si le personnage dont il s'agit a été injuste envers moi, c'est qu'il a été trompé par les faux rapports et les conseils intéressés de quelques subalternes.

Quoi qu'il en soit, dans cette lettre, je parlai de me faire, au besoin, rendre justice par la voie des tribunaux.

A cette occasion, la conduite de M. Mansard fut sans doute blâmée en haut lieu, car sa tranquillité parut en souffrir quelque atteinte. C'est, du moins, ce qu'indique une lettre que m'adressa, trois jours après, un de mes amis, M. X.....

Voici cette lettre :

24 mars.

Mon cher Ponet,

J'ai rencontré Mansard. Il connaissait votre fameuse lettre, mais ignorait ce qu'avait décidé le Comité, n'ayant pu assister, par suite d'indisposition, à sa dernière séance. Une nouvelle réunion a lieu demain matin. Il y en sera question.

Il me paraît assez ému : il m'a même demandé si je connaissais cet incident et si je savais ce que vous pensiez faire au sujet de la menace de procès.

Venez m'attendre demain soir au retour de Versailles.

X.....

Ne voulant pas, en réalité, recourir à un procès qui eût fait la joie des ennemis de l'Empire, je revins à Lyon sans avoir obtenu d'autre résultat que la promesse de l'appointement de 150 francs par mois qui s'est probablement égaré en route, comme je l'ai dit page 117.

Cependant, ne doutant pas que M. Mansard eût accompli sa promesse de radier son privilége de second ordre sur le cautionnement, je me mis à faire les démarches nécessaires pour en obtenir restitution du Trésor, soit à moi, soit aux créanciers de la *Comédie politique*.

Les bureaux du ministère, consultés, annoncèrent que le mandatement ne pouvait avoir lieu avant vingt jours. Comme j'étais de plus en plus traqué par des adversaires qui n'avaient pour moi aucun ménagement — ce en quoi ils avaient raison, puisque, en défendant la cause de l'Empire, je n'avais pas eu non plus de ménagements pour eux, — comme, par conséquent, il y avait urgence, j'écrivis à un député impérialiste, M. D..., qui a eu pour moi, depuis que j'ai l'honneur de le connaître, la plus bienveillante complaisance. Je fis part à M. D... de la situation où j'étais et le priai de faire son possible pour obtenir un mandatement plus prompt.

Dans les bureaux on répondit à M. D... que ce qu'il demandait était absolument impossible.

Alors, dans son désir de m'être utile et de me tirer d'embarras, M. D..., de sa propre initiative, fit une démarche auprès de M. Rouher.

Cette démarche me fut annoncée par le secrétaire de M. D... dans une lettre dont voici le passage important :

Paris, 28 juin 1873.

ASSEMBLÉE NATIONALE.

Monsieur,

M. D..... a remis votre affaire entre les mains de M. Rouher, qui a promis de faire son possible pour vous procurer avant fin courant la somme qui vous est nécessaire pour arrêter les poursuites de vos ennemis, en attendant que la Recette générale du Rhône puisse vous faire toucher votre cautionnement.

H. S. de M.....

Je ne veux retenir de cette lettre qu'un seul fait : c'est qu'à la fin juin 1873 M. Rouher n'élevait sur le cautionnement de la *Comédie politique* aucune prétention au nom du Comité de comptabilité dont il était le président.

J'ai la conviction que jamais l'honorable M. Rouher n'a songé à me contester la propriété intégrale de ce cautionnement ; que, tout au contraire, ainsi que le prouve la lettre du secrétaire de M. D..., il lui semblait équitable que le Comité de comptabilité s'acquittât envers moi le plus tôt possible du restant de la somme due, puisqu'il promettait de me faire tenir dans deux jours une partie de cette somme, c'est-à-dire les 3,000 francs dont j'avais besoin « pour arrêter les poursuites, « en attendant que la Recette générale du Rhône pût me « faire toucher MON cautionnement. »

Il faut croire, du reste, que les mêmes personnes qui

m'avaient tant desservi jusqu'alors eurent bien vite détourné M. Rouher de sa loyale, généreuse et équitable résolution, car je n'eus plus la moindre nouvelle des fonds promis à M. D... comme devant m'être envoyés, et ces fonds ne m'arrivèrent jamais.

Je reçus fin juillet le mandat de mon cautionnement. Je me crus dès lors à la fin de mes embarras... Hélas ! cela commençait à peine.

Le mandat fut inutile, et je ne pus rien toucher ni faire toucher aux créanciers de la *Comédie politique* : en dépit de sa promesse, M. Mansard avait laissé subsister son privilége sur le cautionnement.

Je lui écrivis encore d'avoir à m'en donner main levée. — Pas de réponse.

Mon avoué, Mᵉ Pignaud, lui écrivit alors une lettre très-conciliante, disant que, par le fait de ses résistances, une contribution venait d'être ouverte pour la distribution du cautionnement, qu'il avait ordre de plusieurs clients de contester son privilége, mais qu'une pareille contestation ne pouvant se faire sans scandale et sans la production de pièces justificatives qu'il valait mieux pour le parti ne pas rendre publiques il l'engageait à donner main levée pure et simple et à faire cesser un système de taquineries qui n'étaient ni raisonnables ni justes.

M. Mansard répondit :

Paris, 15 septembre 1873.

Monsieur,

Avant de répondre à la demande que vous m'adressez au nom de M. Ponet, je désire consulter quelques-uns de mes amis qui m'ont aidé à faire le cautionnement dont il s'agit (!).

Dès que j'aurai recueilli leur avis, je m'empresserai de vous le communiquer.

Agréez, etc....

E. MANSARD.

---

(1) Les amis en question, ce n'était autre chose que le Comité de comptabilité.

M. Mansard recueillit-il l'avis de « ses amis ? » — Je l'ignore. Toujours est-il qu'il *ne s'empressa pas* de le communiquer, comme il avait promis de le faire : malgré de nouvelles lettres très-pressantes que mon avoué lui écrivit, il ne fut plus possible d'obtenir dudit M. Mansard une ligne de réponse.

J'étais indigné. Plusieurs impérialistes notables de Lyon se montraient tout aussi indignés que moi, et le regretté comte d'Espagny, aux instances duquel on avait également fait la sourde oreille, s'exprimait sur de pareils procédés dans des termes peu flatteurs pour diverses personnes.

Devais-je faire le procès ? — Bien des amis politiques en étaient arrivés à convenir qu'il n'y avait pas d'autre issue et me conseillaient d'en finir.

Je voulus avoir l'avis d'un honorable magistrat, M. C..., conseiller à la Cour de..., qui connaissait toute cette affaire et qui avait fait, lui aussi, plusieurs démarches pour amener une solution équitable.

M. C... était en ce moment à Paris.

Je lui écrivis dans ce sens.

Voici quelle fut sa réponse :

Paris, le 13 mars 1874.

Mon cher Monsieur,

Je reçois à l'instant votre lettre. J'ai déjà dit un mot de votre situation. J'ai trouvé les esprits absorbés par la manifestation du 16, et aujourd'hui tout le monde est déjà parti pour l'Angleterre. Aussitôt que ces messieurs seront de retour, je ferai valoir vivement vos raisons, et je ne désespère pas d'obtenir la satisfaction que vous réclamez. Seulement ne précipitez rien, ne perdez pas le bénéfice des services que vous avez rendus, pensez bien à l'avenir. Je comprends tous vos ennuis, et vous savez l'intérêt que j'y prends. Mais un procès est toujours chanceux : les préventions sont partout dans ce monde. Elles se retrouvent quelquefois au Palais . . . .

Croyez à mes meilleurs sentiments.

C...

On ne fit à M. le conseiller C... aucune espèce de réponse.

C'était la conspiration du silence !

Les choses restèrent en l'état jusqu'à 1875. Au commencement de cette année, l'avoué choisi par M. Mansard à Lyon, Me Balloffet, écrivit à son client.

Ce fut, cette fois, Me Mocquard, notaire du Comité de comptabilité, qui répondit pour M. Mansard, et voici l'analyse de sa lettre qui me fut transmise par mon avoué, Me Pignaud :

Lyon, le 20 mars 1875.

Monsieur,

M. Balloffet, avoué de M. Mansard, m'a communiqué ce matin une lettre que lui a écrite M. Mocquard. M. Mocquard, parlant en son nom et au nom de toutes les personnes que vous savez, nie avoir pris aucun engagement envers vous et nie encore plus fort qu'il ait jamais existé un Comité bonapartiste.

Donnez-moi donc les lettres qui établissent votre droit : il n'y a plus rien à attendre de ces gens-là, et le moment est venu d'agir.

PIGNAUD.

Le conseil par lequel se terminait cette lettre était bon, à n'en pas douter.

Je ne le suivis pas, pourtant. Je sus garder encore mon sang-froid en présence de cette nouvelle vilenie. J'eus pour mon parti plus de respect que n'en avaient certains qui eussent dû, pourtant, donner l'exemple du respect : pour éviter de mettre le public dans la confidence de pareils démêlés, non-seulement je n'appelai personne en responsabilité, mais encore je laissai régler l'affaire de la contribution sans intervention de ma part.

Je ne demande pas qu'on me soit reconnaissant de cette réserve, alors que des gens que je veux bien croire mal informés et inconscients semblaient prendre à tâche de me pousser à bout. Mais j'ai la conviction que tout homme impartial reconnaîtra qu'en cette circonstance j'ai encore fait passer les intérêts de mon parti avant mes intérêts personnels.

Le jugement de contribution fut rendu.

En vertu de ce jugement, toutes créances payées, ainsi que les 1,000 francs de frais qu'avait occasionnés l'entêtement de M. Mansard, il resta encore disponible une somme d'environ 2,000 francs sur ce cautionnement *qui m'appartenait.*

Le lecteur pensera peut-être qu'on m'abandonna au moins cette somme, ne fût-ce que pour remplacer les 150 francs par mois qu'on m'avait promis en mars 1873 (voyez pages 116 et 117) et qu'on ne m'a jamais payés ! — Si le lecteur pense cela, il est naïf : cette somme de 2,000 francs, M. Mocquard ou M. Mansard la réclama en vertu du fameux privilége de second ordre, et des dernières nouvelles que j'en ai reçues il résulte que ladite somme fut remise à un autre journaliste que je pourrais nommer, lequel en acheta une parure à une danseuse de théâtre.

Etait-ce fini ? — Non. Pas encore.

Depuis lors, j'ai eu à toucher, pour mon propre compte, une somme qui m'était due par M. Terme, mon successeur à *Lyon-Journal :* or, Mᵉ Balloffet, l'avoué à Lyon du Comité de comptabilité, obéissant aux ordres qu'il avait reçus de Mᵉ Mocquard, notaire du même Comité, a fait saisir-arrêter cette somme entre les mains de mon avoué. Mᵉ Balloffet, au nom des héritiers Mansard, qui peut-être ne se doutent pas du rôle d'hommes de paille qu'on leur a fait jouer, me réclamait 6,000 francs, les 6,000 francs du cautionnement *qui m'appartenait,* et cette sorte de persécution en arrivait à ce point qu'elle perdait même toute notion de logique, car, à supposer que le cautionnement eût appartenu réellement aux héritiers Mansard, il ne leur fût resté dû, en tous cas, que 4,000 fr., puisqu'il leur en avait été restitué 2,000 en vertu du privilége de second ordre et que je n'étais pas le journaliste à qui on avait fait hommage de cette somme pour s'attirer les bonnes grâces d'une artiste chorégraphique.

A Mᵉ Balloffet, me faisant part de cette nouvelle phase de l'affaire, je répondis ce qui suit :

— Eh bien ! tenez, cela me met à l'aise ! Faites valider votre saisie-arrêt. Vous me rendrez service. Tout ce qui m'ennuyait, c'était l'obligation d'introduire mon procès en responsabilité devant le Tribunal civil de Paris, domicile de mes adversaires. Vous venez au devant de moi, tant mieux ! Je grefferai ici, à Lyon, par voie reconventionnelle, sur votre procès en validité de saisie-arrêt mon procès en responsabilité. Au moins, de cette façon, je n'aurai pas besoin de voyager !

Cet aveu de ma part jeta, paraît-il, une douche d'eau froide sur les prétentions des héritiers Mansard : la saisie-arrêt fut retirée, et on ne l'a plus reproduite nulle part depuis lors.

La reproduira-t-on ? — Je ne le souhaite pas, parce que je persiste à désirer qu'aucun scandale ne vienne amoindrir le parti impérialiste. Cependant, je le déclare, si l'on recommençait, je serais bien obligé de me défendre, et alors je le ferais à fond et d'une façon péremptoire. Ma patience, je l'avoue, commence à être un peu lasse.

Je ne veux pas terminer cet exposé de faits sans rapporter un incident qui a son importance et qui montre, une fois de plus, comme, ainsi que le disait l'honorable M. Levert, dans sa lettre reproduite page 117, on savait ne pas oublier « mes services et mon dévouement, » et comme, en outre, on savait les récompenser.

Dans les premiers jours d'avril, mon commanditaire de *Lyon-Journal*, gagné, ainsi que je l'ai su depuis, par les... exhortations..... concluantes de quelques personnalités radicales dont ma feuille gênait le commerce et les convictions politiques, mon commanditaire, dis-je, me chercha querelle sous un prétexte futile et demanda judiciairement la dissolution de notre société.

Cette dissolution fut obtenue en vertu d'une clause

résolutoire de notre traité, lequel prévoyait un dédit au bout de cinq mois.

La dissolution devait être effective à partir du 30 avril 1874, c'est-à-dire que, le 1er mai, *Lyon-Journal* devait passer en d'autres mains ou cesser de paraître.

Ne voulant pas laisser disparaître une feuille qui avait encore un tirage normal de 12,000 exemplaires par jour et qui pouvait, à ce titre, rendre au parti impérialiste de très-grands services, je me rendis à Paris.

Il est bon de remarquer qu'à ce moment un journal avait à Lyon une valeur vénale considérable : on y était sous le régime de l'état de siége, et ce régime y était appliqué avec une telle rigueur que, pendant trois ans, trois ou quatre journaux furent supprimés, mais une seule autorisation, la mienne, fut accordée de publier une nouvelle feuille.

Un industriel m'offrit 20,000 francs de *Lyon-Journal*, dont il voulait faire un organe radical. Je refusai, ne voulant pas, d'abord, mettre mon journal entre les mains des adversaires de l'Empire, ne voulant pas, ensuite, trahir la confiance que m'avaient témoignée M. le préfet Ducros et M. le général Bourbaki, lorsqu'ils avaient bien voulu enfreindre la règle générale en autorisant ma publication.

De Paris, où j'étais, j'écrivis à M. le duc de Padoue et l'engageai à décider le Comité de comptabilité à prendre, à Lyon, le lieu et place de mon associé, ce qui, lui disais-je, coûterait à peine de dix à douze mille francs.

M. le duc de Padoue me fit l'honneur de me répondre la lettre suivante :

15 avril 1874.

Monsieur,

M. Henri Chevreau a bien voulu se charger de l'examen de l'affaire dont vous m'entretenez par la lettre que vous m'avez adressée. Je ne puis donc que vous prier de vous mettre en rapport avec lui, n'ayant pas qualité pour intervenir.

Veuillez recevoir, etc.

A. DE PADOUE.

Le jeudi 16 avril, je me rendis chez M. Chevreau avec M. Vernhette, ancien préfet de la Drôme, qui déploya dans cette affaire une complaisance et une loyauté auxquelles je tiens ici à rendre hommage.

L'entretien dura une demi-heure tout au plus : il fut convenu qu'on prendrait, comme je l'avais proposé, le lieu et place de mon associé jusqu'à concurrence de la somme de 12,000 francs et que je resterais directeur de *Lyon-Journal* avec appointements. Il fut convenu, en outre, que M. Vernhette, moi et une autre personne qu'on ne nommait pas encore et qu'on n'appelait pour le moment que *Chose*, nous partirions le lendemain soir pour Lyon afin de prendre toutes les mesures nécessaires à la mutation de la propriété de *Lyon-Journal.*

Je dois ici ouvrir une parenthèse :

Pendant mon séjour à Paris, j'avais cherché à me procurer une position dans cette ville au cas où je serais obligé de laisser disparaître *Lyon-Journal* ou, du moins, d'en abandonner la direction.

M. Janvier de la Motte, ancien préfet, aujourd'hui député, avait bien voulu s'intéresser à moi pour cet objet : il m'avait recommandé avec chaleur au directeur d'un des grands journaux bonapartistes de Paris, et je venais d'apprendre de lui qu'il était sur le point de m'obtenir dans cette feuille une position bien supérieure à celle que j'eusse osé rêver.

Dans ces conditions, la mutation de la propriété de *Lyon-Journal* n'exigeant pas d'urgence ma présence à Lyon, je ne voulais revenir dans cette ville que si j'étais sûr de garder la direction de la feuille que j'avais créée.

Donc, le vendredi 17 avril, quelques heures avant celle arrêtée pour mon départ, je me présentai chez M. Vernhette et lui soumis l'observation que voici :

— On s'occupe de me faire à Paris une position des plus acceptables, et l'affaire est à peu près conclue. Que me conseillez-vous, monsieur? Est-il bien certain qu'en revenant à Lyon je garderai la direction de *Lyon-Journal* sous la nouvelle administration ?

— Mais, me répondit M. Vernhette, vous savez bien ce que l'on vous a promis. Il me semble qu'il n'y a pas à hésiter. Il faut revenir à Lyon, où la position de directeur de *Lyon-Journal* vous est assurée. Ne vaut-il pas mieux pour vous être le premier à Lyon que le second ou le troisième dans le journalisme parisien ?

— Et surtout que le dixième, le vingtième ou le trentième ! ajoutai-je.

En sortant de chez M. Vernhette ma résolution de revenir à Lyon était parfaitement arrêtée.

J'ai déjà dit ce que je pensais de la loyauté de M. Vernhette. J'y reviens pour dire qu'en me parlant ainsi il était certainement de la meilleure foi du monde, qu'il croyait l'affaire sûre et qu'il était convaincu qu'il me donnait là un excellent conseil.

Je pris donc, le soir, le chemin de fer de la Méditerranée, et dès le dimanche 19 avril je reçus dans mes bureaux la visite de M. Vernhette et de M. Frédéric Terme (je compris, dès lors, que ce dernier était le personnage qu'on avait appelé *Chose* dans le cabinet de M. Chevreau).

M. Vernhette repartit pour Paris le lendemain et M. Terme resta à Lyon.

Dès lors, je fus en relations journalières avec M. Terme. Nous convînmes ensemble des diverses mesures à prendre. Il me dit, notamment, un jour, qu'il était en mesure de déposer le cautionnement, et il me pria d'aller m'informer, à la Recette générale, si l'on pouvait le déposer en rentes sur l'Etat ou si l'on exigeait qu'il fût déposé en espèces.

L'affaire continuait ainsi, M. Terme me parlant chaque jour des instructions qu'il recevait de Paris pour l'organisation de la nouvelle administration et m'entretenant — de très-bonne foi, je n'en doute pas, — dans l'assurance que je resterais directeur de *Lyon-Journal*.

Soudain, le 27 avril, je reçois de Paris la lettre suivante :

Paris, 26 avril.

Monsieur,

J'ai fait de mon mieux, mais n'ai pas pu aboutir. J'ai engagé M. Terme à s'adresser directement à M. C..... Je me désintéresse absolument de cette affaire.

Croyez à mes regrets et à mes meilleurs sentiments.

VERNHETTE.

J'avais à peine pris connaissance de cette lettre que M. Terme arrive dans mon cabinet et me confirme la nouvelle de l'abandon absolu du projet pour la réalisation duquel on m'avait fait revenir à Lyon au moment où j'allais entrer dans un journal de Paris.

— Je suis indigné ! conclut M. Terme. On m'a fait jouer là vis-à-vis de vous un rôle indigne de moi, un rôle que je déplore. De toutes façons, je ne veux pas que vous vous trouviez être la dupe de votre confiance et de votre bonne foi en cette circonstance, et, puisque c'est moi que l'on a choisi pour clore ces négociations, je ne les abandonne pas, je les reprends pour moi-même. Si vous voulez, je vous achète *Lyon-Journal* pour mon compte personnel... Seulement, je ne suis pas, moi, aussi riche que ces messieurs, et je ne pourrais vous le payer le prix qu'ils vous en donnaient.

Il faut se rappeler ici que, par suite d'un jugement de dissolution prononcé par le Tribunal de commerce, *Lyon-Journal* devait, deux jours après, c'est-à-dire le 30 avril, changer de propriétaire ou disparaître. Qu'il restât encore deux jours sans être vendu, et il devenait une non-valeur absolue.

Ce fut donc avec reconnaissance que j'acceptai la proposition de M. Frédéric Terme. Je lui sus bon gré de ne pas trop abuser de ma situation, car à ce moment

..... psychologique, plutôt que de laisser tomber *Lyon-Journal*, je crois que je l'eusse donné pour 10 francs.

Nous convînmes avec M. Terme qu'il me paierait le journal 2,400 francs, et, comme il exigeait — je ne sais en quoi ma personnalité pouvait bien le gêner — que je disparusse de la scène politique, il fut entendu qu'il me donnerait 3,600 francs à la condition que, pendant un an, je n'écrirais dans aucun journal bonapartiste de Lyon et que je ne fonderais aucune autre feuille.

Quelques jours après la signature du traité, M. Terme prit possession de *Lyon-Journal* et annonça à grand renfort de réclames aux populations de la vallée du Rhône et du Sud-Est de la France que M. Ponet et ses collaborateurs quittaient la rédaction de cette feuille et que c'était lui, Frédéric Terme, qui allait désormais suppléer à notre insuffisance,

Le public, ingrat et inintelligent, méconnut quelque peu, paraît-il, la haute valeur des nouveaux champions de l'Empire à Lyon, car la fameuse réclame produisit un effet absolument inattendu : en un mois, le tirage de *Lyon-Journal* baissa de 3,000 exemplaires.

Il s'est éteint, l'autre jour, après une agonie de trois ans. Il en était arrivé, dans les derniers temps, à ne plus dépasser le tirage de 3,000 à 3,200 exemplaires par jour.

Cet incident a un épilogue :

Dans la semaine où il prit possession de *Lyon-Journal*, M. Terme crut devoir aller faire une visite à tous ses confrères de Lyon.

— Je ne suis, dit-il en cette circonstance à MM. les rédacteurs de la *Décentralisation*, qui me l'ont répété, je ne suis ici « *que le mandataire d'un Comité.* »

D'un Comité ?.... — Lequel ?

Inutile d'insister.

Dans cet incident, M. Frédéric Terme n'a joué, évidemment, qu'un rôle inconscient.

Mais quelle est la personne qui a dirigé l'affaire dans la coulisse ? — Je l'ignore et ne veux pas le rechercher.

Ce fut là, en tous cas, encore un moyen original de reconnaître « et mes services et mon dévouement, » comme on avait promis à l'honorable M. Levert que cela serait fait un jour.

On m'élimina ainsi du journal que j'avais fondé.

Or, sait-on bien à quel résultat on est arrivé en m'obligeant ainsi à rentrer sous la tente et en confiant à d'autres le soin de défendre à Lyon la cause bonapartiste ?

Que l'on consulte tous les impérialistes de la région ! A part trois ou quatre médiocrités de la presse qu'offusque tout ce qui ne traîne pas, comme elles, dans l'ornière des clichés, lieux communs et banalités datant pour le moins de 1830 ; à part deux ou trois nouveaux convertis dont j'ai dû souvent, avant le 4 Septembre, relever les outrages et les calomnies à l'adresse de la famille impériale et auxquels portent ombrage les fidélités qui n'ont jamais dévié et les dévouements qui n'ont pas failli ; à part ces appréciateurs par trop intéressés pour être impartiaux, je m'en rapporte au jugement de tous ceux de mes coreligionnaires politiques qui m'ont vu à l'œuvre.

Tous diront que, pendant que paraissait à Lyon la *Comédie politique* et que *Lyon-Journal* était rédigé par mes amis et moi, aucun des journaux républicains, orléanistes ou légitimistes de la localité n'osait, de peur de riposte catégorique, soutenir des calomnies ou des outrages contre l'Empire.

Tous diront qu'on n'osa pas ici piétiner le lion mourant tant qu'on nous vit veiller en armes auprès de lui.

Tous diront qu'en revanche, depuis mai 1874, nos adversaires se sont largement rattrapés. Tous diront que, grâce à l'apathie et à la placidité, pour ne pas dire autre chose, de ceux qui ont saisi après nous la hampe du drapeau impérialiste dans la région, les infâmes légendes sur Sedan, sur les finances impériales, sur les « 20 ans de corruption » et autres ignominies grotesques ou odieuses sont revenues s'imposer aux esprits faibles ou prévenus au lieu et place de la vérité..., de la vérité que nous avions eu tant de peine à faire à peu près prévaloir parmi nos concitoyens!

Tous diront que, depuis mai 1874, le drapeau impérialiste à Lyon a été traîné et non porté et que les gavroches du ruisseau démagogique ont pu impunément le couvrir de leurs ordures.

— Oui, objectera-t-on peut-être, mais vous avez eu beaucoup de procès. (C'est là le grand argument de ceux qui n'ont pas de bonnes raisons à donner ou qui veulent sortir à tout prix d'un dilemme embarrassant.)

Il est vrai, j'ai eu quelques procès. J'en ai eu moins que le journal le *Pays* et que M. Paul de Cassagnac, auxquels nul ne songe à faire un crime de ces accidents inévitables du journalisme sérieux. Mais enfin j'en ai eu plusieurs.

C'est là mon tort, je l'avoue franchement. J'ai été un naïf, j'ai manqué de savoir-faire :

Au lieu de me jeter dans la mêlée en personne et à visage découvert, j'aurais pu, comme tant d'autres, me cacher derrière un homme de paille.

Au lieu d'aider à relever l'Empire après sa chute, j'aurais pu me joindre à tant d'autres journalistes, anciens flagorneurs de ce régime au temps de sa prospérité, et me mettre à lui jeter de la fange avec eux !

Au bout de cet ingénieux système il y avait pour moi la fortune, et pas le moindre procès.

Et je n'ai pas eu recours à ce procédé !... Quand je vous dis que j'ai été un naïf !

Mais est-ce bien, en tous cas, au parti impérialiste à me reprocher cette naïveté, dans laquelle je persiste, d'ailleurs, comme un honnête homme que je prétends être ?

N'est-ce pas pour le parti impérialiste que j'ai reçu, sur ce champ de bataille qui s'appelle la polémique, ces blessures qui s'appellent des condamnations pour délits de presse?

J'en ai dit assez sur ce point.

RÉCAPITULATION

M. Albert Rogat (voir page 15), obéissant à je ne sais quelle cabale, à je ne sais quelle consigne, m'avait traité d'« échappé du parti républicain, » d'« escroc, » de « gredin, » d'« exploiteur, » de « journaliste famélique. »

J'ai prouvé que je n'étais ni un « échappé du parti républicain, » ni un « escroc, » ni un « gredin, » ni un « exploiteur » de qui que ce soit.

Il n'y a qu'une seule des imputations de l'article du *Pays* que je ne me sens ni la force ni les moyens de repousser:

Je serais, a dit M. Rogat, un « journaliste famélique. »

Ma foi! voilà qui est bien possible.

Mais à qui la faute?

N'est-ce pas à ceux qui, ayant pour strict devoir de me soutenir de leur mieux dans la lutte (1), m'ont abandonné au moment du danger et se sont retirés oubliant de me payer les dix mille francs environ qui m'étaient et me sont dus?

Je m'en rapporte à la bonne foi de M. Albert Rogat lui-même, ne deviendrait-on pas « famélique » à moins?

---

(1) Voir à cet égard, page 110, l'opinion de M. Paul de Cassagnac.

CONCLUSION

Voilà tous les faits exposés.

Des amis à moi qui sont en même temps des coreligionnaires politiques me conseillaient de tirer de ces faits une conclusion formelle et sans détour.

Je ne crois pas devoir suivre leur avis.

Dans l'exposition qui précède, je me suis efforcé d'être poli et modéré envers tout le monde, et je n'ai pas voulu indiquer moi-même les responsabilités qui me paraissent engagées.

Je tiens à observer jusqu'au bout cette réserve.

Dès lors la véritable conclusion d'un pareil Mémoire, ce n'est pas à moi à la donner.

Cette conclusion, je l'attends, avec une respectueuse confiance, de la haute justice de Son Altesse Monseigneur le Prince Impérial.

Je l'attends, en outre, de l'équité du Comité impérialiste mieux informé, de la bienveillante impartialité de MM. les députés Raoul Duval et comte d'Aulan, de la loyauté de M. Paul de Cassagnac et des regrets de M. Albert Rogat.

Adolphe Ponet,
Ex-directeur de la *Comédie politique*
et de *Lyon-Journal.*

Cours Napoléon, 16, cité Napoléon,
à Villeurbanne (Rhône).

LYON, IMPRIMERIE X. JEVAIN, RUE SALA, 42 ET 44.

www.ingramcontent.com/pod-product-compliance
Ingram Content Group UK Ltd.
Pitfield, Milton Keynes, MK11 3LW, UK
UKHW020342230726
13925UKWH00003B/925